食事も運動も、

パッと見だけでさくっとわかる!

忙しくても絶対痩せる!

直感ダイエット

パーソナルトレーナー ここ

JN137290

KADOKAWA

はじめに

まずは、この本を手にとっていただきありがとうございます。

この本を手にしてくれたということは、ダイエットに興味があったり、すでにやっているけれど失敗したりして、「ちゃんとした方法が知りたい！」と思っているのではないかと思います。正直、食べなければ体重は減ります。でも、ただ食べずに体重を落としてもキレイにはなりません。

私は学生時代から大人になるまでの長い期間、自分の自信のなさをルックスのせいにしていました。恋愛がうまくいかないのも太っているからだと思い込んで、間違ったダイエットとリバウンドを繰り返していました。すると、肌はガサガサ、爪はボロボロ、髪の毛は抜ける。慢性的な疲れがとれずに不眠や立ちくらみ、めまいなど、心身ともに不調が現れるようになりました。

キレイになりたくてダイエットを頑張っているのに、努力してもこんなふうになってしまっては意味がありません。その後きちんとダイエットについて学ぶと、学べば学ぶほど、いかに過去の自分が間違っていたかを痛感しました。

だからこそ、この本を読んでくださる方には私と同じ失敗をしてほしくない。誰もが陥りがちなダイエットに関する思い込みを払拭できるように、私が知っている最大限の知識を詰め込み、一冊の本にまとめました。

ダイエットは「今のあなたじゃダメだから」スタートするのではなく、「今のままでも価値のある存在だけど、大切なあなたをもっと健康的で、ステキに、より輝かせるために」するものです。決して後ろ向きではなく、前向きな気持ちでスタートしてください。お伝えするダイエット法はどれもムリなくできることばかり。焦らずゆっくり積み重ねれば、着実に体が変わっていきます。

さぁ、一緒に効率的で辛くないダイエットを始めましょう！

ここ

初めまして ここです
元々は若手アスリートの体づくりをサポートしていて 今はトレーナーとして一般の方にもトレーニング指導を行っています
トレーニング中
そしてその傍らXでトレーニングや食事術を発信中です
先生こんにちは トレーニングしにきました
指導の合間のSNS発信は大変ですが…
熱心な生徒
毎日なんでそんなに頑張れるんですか？
忙しそう…
それは
ダイエットや体づくりに励むすべての方に
正しい知識を身につけてほしいから！
ア…アツゥ!!
というのも

私は以前
あらゆるダイエットに
挑戦しては
リバウンドを繰り返して
痩
太
間違ったダイエット法に
振り回されてきました
これなら!!
痩せる
痩せる
そして
間違ったダイエット!?
どきっ
誤ったダイエット知識で
苦しんでいる
アスリートたちが
たくさんいたんです
若手フィギュアスケーター
ランチ
それだけ!?
減量中なので…
プロテインだけで…
食事抜いてきた…
間違ってた…?
トレーニング中
食事抜けばいけますよね
ぐぅうううう
目標 -5kg
顔色わるっ!!
そんな経験を経て
ぐっ
食事が悪者なわけじゃない!
ちゃんと食べることこそ
ムリのないダイエットには
不可欠なんです!
ハッ
アツくなりすぎた…
ということを
私なりに
世の中に
発信しています
ぱち
ぱち

でも間違ったダイエットって例えばどんなものですか？
多くの人が陥りがちなのは大きく分けてこの2つ
・間違った食事制限
ご飯抜き
・間違った体の使い方
ハードな運動
やるぞー
過去の私
その結果私自身は栄養不足で脱毛症になってしまったり
ストレスのせいでリバウンドしてしまったり…
最大値
体重計
ゾ〜
さらには体を鍛えたいはずが逆に痛めてしまったことも
腰！
腰があぁぁ
ちなみに私のダイエット遍歴はこんな感じ
50kg Start
学生の頃失恋をきっかけにダイエットを決意
痩せてキレイになってやる！
「〇〇だけダイエット」を試す
47kg 3日りんごしか食べてない
3kg減
これで恋愛がうまくいき痩せてる＝かわいい、モテると思い込むように
他のものを食べ始めたらすぐにリバウンド
アレ？
その後太っては「〇〇だけダイエット」で体重を減らす、を繰り返す
オンリーダイエット
やるぞー

社会人になって
食べるものも変化し
気づけば
60kgぐらいが標準に
その後
キックボクシングなどの
運動をするも
体重はなぜか減らず
置き換えや
ファスティングを開始
(kg)
90
85
80
75
70
65
60
55
50
Start
学生時代
失恋して
ダイエット
「○○だけ
ダイエット」
をする
体重の
増減を
繰り返す
食事量を減らす系の
ダイエットをすると
体重は減るものの
見た目の変化はなし
なんで？
（今思えば水分だけ落ちて
脂肪が落ちてなかったのかも！）
当時流行った
糖質・脂質制限も始め
極端に食事を制限！
結果的に3ヶ月で
10kg減り
50kg台後半に
しかし、その後
普通の食生活に
戻したところ
じわじわ増えていった
90
85
80
75
70
65
60
55
50
食事制限
糖質
脂質
むしろ今まで
ガマンしてきた分
食欲のコントロール
ができなくなり
気づけばあっという間に…
がつ
がつ

な、なんと80kgオーバー
一念発起して昔やっていたバレエを再開！発表会を目標に食事制限やハードな練習に耐え−20kg！
80kg オーバー
90
85
80
75
70
65
60
55
50
60kg
良かった！減量できたんですね～
でも
発表会後にガマンしていた甘いものを解禁したことで
スタバのフラペチーノおいしくておいしくてたまらない！
毎日のように飲んだり
チョコスコーンも一緒に食べたり…
あっという間に86kg過去最高体重を更新！
キャー
なぜ!?
体にも変化が…
髪の毛が抜ける
寝ても疲れがとれない
早く間違いに気づけば良かった…

こんなふうに これまでの私のダイエットは ジェットコースターのような 体重増減がありました
DIET
ここさん いろいろあったんですね
今じゃ考えられ ないけど…
生徒さんの中にも 「痩せたいから とにかく食べちゃダメ！」 と行きすぎた食事制限を 繰り返したことで 摂食障害に なってしまった人が 多くいました
痩せるぞー
もっと 痩せたい…
夢
フラフラする もうダメ…
「ダイエットで 失敗した経験がある」 「思うように 結果が出なくて 悩んでいる」方も いらっしゃるのでは ないでしょうか？
毎日運動
挫折ばかり だったのに 先生はどうやって リバウンドしなく なったんですか？
それはね

正しいダイエット術を身につけることができたから！
ぐっ
しかも想像よりも辛くないから驚きです！
これまでダイエット＝ガマン、辛いものだと思っていたので本当に目からウロコ驚きの連続でした
正しいダイエット術聞きたい!!
それは「バランスがとれた食事を心がける」というもの
…
今「そんなことわかってるよ～」って思いました？
でもちょっと待って！
この「バランスのとれた食事」はみなさんが想像するものとはおそらく違うんです
少なくとも私はそうでした
バランスのとれた食事
え
それってどういうこと？

まずバランスのいい食事にはタンパク質、脂質、炭水化物の３大栄養素が大切なんです
C (炭水化物) P (タンパク質) F (脂質)
栄養素をキャラ化!!
脂質!? 炭水化物!?
OIL
ダイエットでは悪者とされやすい脂質と炭水化物も大事なのです
悪者扱い…
ダイエットの敵
「脂質も炭水化物も太る元じゃないの!?」と思いきやダイエットには必要不可欠!
適度に摂ることが大事!!
炭水化物を適度に摂るメリット
若々しさと美しさには「筋肉量」がすごく重要
炭水化物が足りないと筋肉を分解して脂肪を燃焼しないといけなくなり筋肉が減ってしまう
私痩せたいんでいいです
その結果基礎代謝も低下し疲れやすくなったりメリハリのない見た目になる上、ストレスが増加してしまうことも
体の中では…
LOW
力が出ない…
ストレスホルモン コルチゾール 増加中!!
すると

なんか疲れやすい
具合悪い…
また太ったかも…
脂肪が蓄積されやすくなり体調を崩しやすくなってしまいます
はっ
ダイエット中の疲労感や倦怠感はこれだったんだ!
とようやく気がつきました
また当時流行っていた脂質制限ダイエットでは
「脂質は脂だから悪だ!」
と思って脂質量を極端にゼロに近づけていました
NO
ぷいっ
(脂質)
なんで!
LOW
が、本来の脂質制限ダイエットは脂質をゼロにするわけではありません!
OIL
1日約30~50g必要!
それなのに、極端にカットしてしまったことでホルモンバランスが崩れて睡眠の質も下がり髪が抜け、爪も割れやすくなってしまっていました
抜け毛
爪割れ
睡眠不足
さらに脂質がないと次に入ってきたとき溜め込もうとするのでリバウンドのリスクも上がってしまうんです
久しぶり
脂質きた!ゆっくりしていって!
ゲフ

ダイエット中の異変や不調は起こるべくして起こったことでした
腰が〜
最大値
こんな感じかな？
糖質制限ならお米だけ抜けばいいし
脂質制限ダイエットなら脂質を完全にカットしちゃえばいい
とにかく食事を抜いておけば痩せるか！
と、浅い知識で間違った行動を繰り返してしまっていたのです
LOW
CUT
OIL
食事カットへの道
食事面だけでなく体づくりの面でもお伝えしたいことが
それは悲しいかな…
ただ食事によって体重が減ってもメリハリボディにはならないということです
え
二の腕はぷよぷよのままだしお尻もキュッと上がるわけじゃない
尻
PUYO
大切なのは「体を正しく動かして筋肉を残しながら脂肪を減らしていく」こと
筋肉をつけることで脂肪燃焼が進み代謝も上がって痩せやすい体になれるのです！
（タンパク質）
slim
なので適度な運動はぜひ取り入れてみてください

今は手軽に通える
24時間ジムや
動画サイトなどで
筋トレがどんどん
身近になっています
GYM 24H
ただ
間違った体の使い方を
してしまうと
つけたいところに
筋肉がつかなくて
理想のラインに
なれなかったり
YouTube
無理がたたって
腰痛や肩こりが
悪化したりすることも
?
私自身も
ムリな運動で
実際に腰を
痛めました
ひそ…
うまくできるかな…
効果的な体の動かし方や
エクササイズについても
この本の後半で
お伝えしていきます
今は体づくりについて詳しいのでお任せください!
タンパク質
脂質
炭水化物
の3つのバランスが
とれた食事と
適度なトレーニング
これさえ
できていたら
ハゲることも
体調を崩すことも
なかったのに!

この本は
ダイエットにおいて
失敗やリバウンドを
経験した方
または続けることが難しい
と感じている方に
伝えたい
「ムリなく痩せる
正しいダイエット知識」
が詰まっています！
知識
知識
知識
2択から選ぶだけ!
読み終わる頃には
きっと
今まで
うまくいかなかった原因が
わかるようになるはずです！
「ヘルシーだと思っていた
食材が実はダイエットに
向かないものだった！」
「食事を減らしても
痩せなかったのは
高カロリー・
高脂質の食材を
食べていたから！
「体の使い方が
間違っていたんだ！」
などなど
そうなれたらこっちのもの！
今夜の食事から
通勤途中の歩き方、
頑張ってやっている
エクササイズまで
この本の内容を
実践するだけで
みるみる体が
変わっていくこと
間違いなし！
さあ、一緒に
効率的で
ムリのないダイエットを
始めましょう!!

忙しくても絶対痩せる！　直感ダイエット　もくじ

第1章 痩せる食事はどっち？ ―― 20

第2章

痩せる動作はどっち？ —— 86

第3章

痩せる＋αエクササイズはこっち！

デザイナー　阿部早紀子　　漫画　なちぼぅ　　イラスト　るるん
DTP　山本秀一、山本深雪（G-clef）　　校正　麦秋アートセンター
編集協力　小島千明　　編集　竹内詩織（KADOKAWA）
一部栄養監修　高須未園（管理栄養士）

※本著では著者の過去の経験から、ダイエットに役立つであろう知識を紹介しています
※本編のカロリーや栄養素の質量はあくまでも一例です。製品によっては当てはまらない場合がある点、ご了承ください。また、持病のある方にとっては不向きであったり、オススメできなかったりする場合があります。医師や管理栄養士などの専門家に相談の上、実践してください

第1章

痩せる食事はどっち？

みなさんは、痩せる食事ってどんなものだと思いますか？
カロリーはひとつの目安ですが、
カロリーだけで判断すると大きな落とし穴にハマってしまいます。
同じようなカロリーでも、体の中に入った後に脂肪に変わりやすいものと、
すぐにエネルギーとして消費されるものでは脂肪の蓄えやすさが変わります。
ここでは、数値だけでなく理論的に正しく痩せる食事術をご紹介！
意外と迷いやすい2択の中から、より痩せやすい「正解」をお伝えするので、
きつい食事制限をしなくてもムリなくダイエットができます！

意外と知らない！

痩せる食事の3大ポイント

1 3大栄養素をバランス良く摂る

3大栄養素とは、タンパク質、脂質、炭水化物のこと。「脂質や炭水化物は太るから…」と極端にカットしていると、ダイエットに失敗してしまいます！

2 太りにくい食べものを選ぶ

栄養が足りていないと、無性に甘いものが欲しくなります。でも、バランスがとれた「太りにくい食材」を選べるようになれば、1食の満足感がアップして甘いもの欲が減り、痩せやすくなるんです！

3 カロリーだけにとらわれない

カロリーにとらわれてダイエットに失敗する人の多いこと！　カロリーの計算は大切ですが、栄養バランスが悪いと低カロリーの食事でも痩せません。

次ページから詳しく解説！

痩せる
ポイント
1

3大栄養素をバランス良く摂る

タンパク質、脂質、炭水化物

ダイエットで敵視されがちな脂質も炭水化物も、美しく痩せたかったらカットしてはいけないもの。例えば、炭水化物からしか摂れないブドウ糖は、これがないと人間は生きていけないというほど重要な栄養素です。ただ、摂りすぎると使いきれずに脂肪として貯蔵されてしまうので、適量を取り入れることが大切。また、**脂質もホルモンを作る材料になる**ので、とても重要。他にも脳の健康を保つ役割や、脂溶性ビタミンの吸収を助ける役割もあり、体にとって必要不可欠なので、きちんと摂取しましょう。さらに、**脂質と炭水化物は一緒に摂ると血糖値の急上昇を防ぐ**とも言われているので、適切に摂ることで空腹感を抑えることができます。

すでにダイエットにいいイメージがある**タンパク質も、炭水化物と一緒に摂ることで血糖値の急上昇を抑える**効果が。消化、吸収に時間がかかるため、満腹感が長続きして食欲をコントロールしやすくなることから、間食をガマンできない人や、甘いものがやめられない人は食事でしっかり摂ってあげるのがオススメです。

痩せる
ポイント
2

太りにくい食べものを選ぶ

食事の満足度を上げて
痩せやすい体に！

私はダイエット指導の仕事をしているため、よく生徒さんの食事内容を見せていただいています。すると、3食の食事量が少なすぎる人の多いこと！　食事量が少ないから、お腹が空いて甘いものが食べたくなる。間食自体は悪いわけではありませんが、それによって罪悪感が生まれ、また食事の量を減らす。これでは悪循環です。

実は量よりも、**食事の内容にさえ気をつけていれば、しっかり食べても太りにくいし、ダイエットもうまくいくものです**。私もダイエットや栄養についてきちんと勉強するまでは「そんなに食べていないのになんで痩せないんだろ？」と不思議に思っていました。太っている人ってみんな大食いだと思われがちですが、実は食事の内容次第で、少しの量でもすごく太りやすかったりするのです。この本を読み終わる頃には、**どういう食べ物が脂肪に蓄積されやすいのかがわかるようになるので、「太りにくい食事」を自然と選択**できるようになります。まずはタンパク質をしっかり摂りながら、炭水化物と脂質も適度に摂り、「しっかり食べる」ところから始めましょう！

痩せるポイント3

カロリーだけにとらわれない

「低カロリーだから太らない」は落とし穴です！

「カロリーが低いものを選んで食べれば痩せる」と思っていませんか？　脂肪を1kg落とすのに7200kcalを消費しないといけないので、カロリー計算はダイエットに欠かせないのですが、**カロリーの数字だけで考えると大きな落とし穴**があります。

食事で体内に入ってから脂肪に変わるもの（脂質）と、脂肪に変わりにくい、もしくは摂りすぎなければ変わらないもの（タンパク質、炭水化物）があります。ただ、これはカロリー数値ではなく、3大栄養素（タンパク質、脂質、炭水化物）の量を見ないとわかりません。最近は食材の袋の裏側に成分表示が載っているので、**ダイエットで失敗しないためには、3大栄養素の量を知ること**が大きなカギになります。そしてこれらをバランス良く摂ることを考えられるようになったら、極端な食事制限をしなくても痩せることができます。大切なのは「脂肪」を落とすこと。いかに脂肪を溜め込まず、今ある脂肪を燃焼していくかが大事なポイントになってくるのです。

仕事の合間のお昼ごはん、
どっちを選んだらいいの？

イッチ＆サラダ

痩せるランチはどっち？

サンドイッチ＆サラダ

サクッとコンビニでヘルシーそうなメニューを選ぶ？　はたまた、近くのお寿司屋さんでちょっぴり豪華な寿司ランチにする？　「寿司はシャリが炭水化物で太りそうだし、ダイエットには野菜が多いサンドイッチのほうがいいんじゃないの？」と思う方も多いのではないでしょうか。選ぶ基準はカロリー？　それとも野菜の多さ？

どっちが正解？

Q1 寿司とサンド

寿司

刺身はヘルシーだけど
お米は太るかな？

ここ's advice

どちらも何となく
ヘルシーなイメージですが
実際はどうでしょうか？

質と適度な炭水化物が摂れます!

正解はなんと**寿司**! タンパク質が豊富な魚と、炭水化物のご飯を組み合わせているので、実は栄養バランスがとれているのです。

さらに、魚からは良質なオメガ3脂肪酸やビタミン、ミネラルも摂れます。**オメガ3脂肪酸は、脂肪燃焼を助ける作用**があるので、ダイエット中に積極的に摂ってほしい成分。これが含まれている寿司はランチにうってつけというわけ。トロやサーモンなど脂質の多い魚や、甘いタレやマヨネーズを使った巻物などをたくさん選ぶと太りやすくなってしまうので、ネタは低脂質のマグロの赤身、白身魚、貝類などがオススメです。そういうネタをチョイスしながら、さらに「シャリ少なめ」を選べば、ダイエット中でもバラエティ豊かな寿司ネタを楽しむことができますよ。

一方、一見野菜がたくさん摂れそうなミックスサンドですが、主なタンパク質はハムや卵で量が少ない上に、加工されているので良質なタンパク質を十分に摂取しにくいです。また、マヨネーズやバター、マーガリンが使用されていること

＼ こっちが正解 ／

A1 寿司のほうが魚の良質なタンパク

が多いので、脂肪を蓄積させやすくなってしまいます。

コンビニなどでよく見る「タルタルサラダ」は、サラダという名前がついてますが、マヨネーズを使っていて高カロリーで脂質多め。さらに、満足感を得るには量が足りないことも。仮に寿司と同じようなカロリーだとしても、**サンドイッチ&タルタルサラダのほうが脂質が多く、脂肪になりやすい**のが今回のポイント。

このように、カロリーだけではなく食事の内容をきちんと把握してチョイスすることが大切です。

オススメ寿司ネタはこれ！

マグロ、エビ、ホタテ：低脂肪で高タンパクな上にむくみ予防のカリウムが豊富

サーモン：オメガ3脂肪酸がたっぷり

イカ：低カロリーで歯応えがあり、満足感を得やすい

ヒラメ、タイ：高タンパク、低脂肪。ビタミンB_6やナイアシンも豊富

穴子：低カロリーでビタミンB_{12}が豊富

サラダってどれもダイエットに
良いイメージがあるけれど…

ラダとコブサラダ
痩せるサラダはどっち?

コブサラダ

具だくさんでカロリー
高いんじゃないの？

コブサラダは卵、チキン、アボカド、トマトなどいろんな食材がたっぷり入ってボリューミー。シーザーサラダはチーズやベーコン、卵にクルトンまで入って濃厚な味わいと、同じサラダでも内容は違います。ヘルシーそうに見えるサラダ、最短ルートで痩せるのはどっち？

どっちが正解？

Q2 シーザーサ

シーザーサラダ

ボリューミーで
満足度が高そう！

ここ's advice

食事にサラダをプラスして
満足感を得る人は多いはず。
でも、サラダだったらなんでもOKじゃないんです！

のほうが

バランスがとりやすい！

正解は**コブサラダ**！　実はコブサラダのほうがシーザーサラダよりカロリーは高め。でも、**体に良い栄養素がたくさん摂れる**から、結果的にはこちらのほうが長い目で見ると痩せやすいのです。

　コブサラダには、鶏むね肉や卵のタンパク質と、アボカドやトマト、レタスの食物繊維がたっぷり。そこに不飽和脂肪酸など卵の脂質も少し含まれているので、栄養バランスがバッチリ。さらに、タンパク質が豊富で、サラダでありながら腹持ちが良く、その後の間食の欲求まで減らすことができます。補えない炭水化物は、おにぎりなどで補足すると3大栄養素（タンパク質、脂質、炭水化物）をしっかり摂れます。

　一方、シーザーサラダのドレッシングはマヨネーズやチーズ、クリームが主な成分なので、カロリーと脂質が高くなりがち。せっかく食材がヘルシーでも、ドレッシングをたっぷりかけてしまうとかなりハイカロリー、高脂質になってしまうので気をつけましょう。そして、クルトンやたっぷりのチーズ、ベーコンがトッピングされていることが多く、ここで

＼こっちが正解／

A2 コブサラダ

具だくさんで栄養の

も脂質や炭水化物量が増加してしまいます。**ダイエット中はカロリーだけに注目してしまって脂質たっぷり、タンパク質はほとんど取れない…など栄養が偏りがち**。結果的に体の中で脂肪として蓄積されやすくなります。実は以前の私がまさにそれ。カロリーだけに気をとられて脂質のことなんて全然考えずに選んでいたので、自分では頑張っているつもりでも、なかなか痩せることができませんでした。みなさんも、カロリー（数字）だけじゃなく、タンパク質や脂質、炭水化物のバランスを意識できるようになると、選び方が変わっていくはずです。

ここ's advice

ダイエット中は男女問わずタンパク質20〜30%、脂質20〜30%、炭水化物40〜60%の割合になるように摂取するのがオススメです!

※体格やトレーニングの有無などにより、割合が変わる場合があります

ダイエット中でもどうしても
パスタが食べたくなったら…？

製パスタ

痩せるメニューはどっち？

冷製パスタ

冷製のほうが
油が少なそう！

カルボナーラとトマト味のパスタなら、明らかにトマト味がヘルシーなのは想像がつくもの。では、同じトマト味で、温度が違う2択の場合はどうでしょうか？　「パスタと冷製パスタって、同じパスタなのにダイエット向きかどうか違いがあるの？」と思った方も多いはず。でも実は結構違うんです！

＼どっちが正解？／

Q3 パスタと冷

パスタ

具材やソースを工夫したらこっち？

ここ's advice

なんと同じ食材でも
温かいものと冷たいものでは
痩せやすさが変わるんです！

のほうが

期待できます!

「え？　冷たいだけでダイエット向きになるの？」とびっくりした人も多いと思います。**冷製パスタ**のほうがダイエット向きな理由のひとつに、「レジスタントスターチ」が関係しています。**「レジスタントスターチ」とは、体内で消化されにくいでんぷんの一種**で、腸内で食物繊維のように働きます。つまり、「レジスタントスターチ」によって消化が遅くなるぶん、満腹感を持続させたり腸内環境を整えたりして、脂肪が蓄積されにくくなったり、**体内で吸収されるカロリーが少なくなって、結果的に痩せやすい体になれる**のです。

この「レジスタントスターチ」は、冷やしたご飯・パスタ・じゃがいも、完熟していないバナナ、全粒穀物や雑穀などに多く含まれています。さらに、この栄養素は一度冷えたら温め直しても減らないことがわかっているので、例えばコンビニのおにぎりやパスタなどからは、温かい状態でも「レジスタントスターチ」の恩恵を受けることができます。コンビニではおにぎり、パスタ、ポテトサラダ、バナナ、焼き芋などをチョイスするのがオススメですよ。

＼ こっちが正解 ／

A3 冷製パスタ

脂肪燃焼効果が

パスタの味付けについて補足すると、トマト系のソースは低脂肪でヘルシーなことが多く、オリーブオイルには少量なら満足感をアップさせる効果も期待できます（詳しい理由はP78～）。具材に関しては、鶏むね肉やシーフードなどのタンパク質が豊富なものだと栄養バランスが良くなります。ダイエット中はソースや具材なども意識して食事をしてください！

レジスタントスターチが多く含まれている食材

冷やご飯（スーパー・コンビニ弁当のご飯）	冷やしたオートミール	コンビニのパスタ
トウモロコシ（加熱して冷却後のもの）	未熟のバナナ（熟れすぎていないもの）	冷やしたさつまいも

じゃがいもの冷製スープや肉じゃが
→肉じゃがは一度冷やしたものや作り置きに限る

一度冷やした後に温め直しても大丈夫！　冷やすことでできたレジスタントスターチは、温め直してもそのまま残ります。
この現象は「でんぷんの再結晶化（レトログラデーション）」と呼ばれるもので、一度冷やした際に消化されにくい形に変わるため、再加熱してもその性質が変わらないのです。

column 1

魅惑の成分

レジスタントスターチでらく痩せ！

温度を変えるだけで痩せやすくなるのは本当に不思議ですよね。しかも**「レジスタントスターチ」は、一度冷ましたら温め直しても減らない**ので、冷たいご飯が苦手な方でも大丈夫。とはいえ、炊き立てのご飯ってめちゃくちゃおいしいので、私もご飯を炊くときは炊き立てのご飯をそのまま食べています。我が家は一度にたくさんご飯を炊いて、余った分は容量を量って冷凍。そうすることで、毎回ご飯を量らなくて済むし、電子レンジで温めるだけですぐに食べられたりお弁当に持っていけたりするので便利です。そして、これでコンビニご飯と同じように、一度生まれた「レジスタントスターチ」をムリなく摂取できます。さつまいもも炊飯器で一度に炊いて、100gごとに分けて間食用に冷蔵庫に保存。これもまた、一度冷ましているのでレジスタントスターチはキープ。温め直して食べてもいいですし、冷たいままでもスイーツのように結構おいしくいただけるんです。

冒頭で炭水化物はとても大切だという話をしましたが、だからといってどれだけ食べてもいいわけではないので、食べすぎには注意してくださいね。ダイエットは生活習慣を改善することの積み重ね。「レジスタントスターチ」を意識したからといって、すぐに痩せるわけではありませんが、こういうちょっとした工夫を普段の食事習慣に取り入れられると、辛い思いをしなくとも、結果が出やすくなるはずです。

以前の私は、一発逆転の魔法みたいなダイエット法を探しては痩せて、またリバウンドをして…を繰り返していました。ですが、それも無茶が利く若い頃だからできたこと。次第に体重は減りづらくなりました。それでも、**正しいやり方で工夫をすれば、何歳でも脂肪は落ちます**。みなさんには、私の失敗を参考にして、最短ルートでダイエットに成功してほしいと強く思うのです。

お腹を満たすのに
主食は正直欠かしたくない!

うどん
太りにくい主食はどっち?

うどん

トッピングに気をつけたら良さそう?

主食の定番・白米とツルッと食べられるうどんは、ともに炭水化物で控えている方もいらっしゃると思います。炭水化物が悪ではないということは冒頭でお伝えしましたが、同じ炭水化物の中でも、ある理由で「痩せやすさ」に違いが出るから驚きです! 気になる結果は次のページをチェック!

どっちが正解？

Q4 白米と

白米

白米は太るイメージがあるけれど…

ここ's advice

食材によって
痩せやすさが変わるって
どういうことでしょうか？

エット向きなんです！

ダイエット中にオススメの主食はズバリ、**白米**！　カロリーだけで見たらうどんのほうが低カロリー。でも、そろそろ「低カロリーだからいいとも限らない」ことがわかってきましたよね？　白米の良いところは、うどんよりも**ビタミン、ミネラルが多く含まれていて、より腹持ちがいい**こと。一方、うどんは消化吸収が良いのでお腹が空きやすいです。つまり、お昼にうどんを食べて、夜ご飯までにお腹が空いて間食してしまうくらいなら、お昼に白米を食べて、夜までお腹を空かせず間食しないほうが、トータルのカロリーは下回ります。

また、しっかりダイエットしたい方はうどんに含まれるグルテンも控えましょう。なぜなら、**小麦に含まれるグルテンは腸内で分解されにくく、腸内環境が悪化する原因になるから**です。また、腸内環境が悪くなることで代謝が落ちて痩せづらくなったり、便秘で体重が減らないことでモチベーションが下がったりしてしまい、結果的にダイエットが進みにくくなります。

うどんを食べるとお腹を下したり胃腸の不快感があったりす

＼こっちが正解／

A4 白米のほうが腹持ちが良くてダイ

る人も一定数いらっしゃいます。私はボディコンテストに向けて減量を始めると、小麦ではなく米で炭水化物を摂るようにしています。そうすると、普段は小麦を食べていてもなんともないのに、減量中にしばらく避けていただけで、久々に小麦を食べるとお腹の調子を崩す時があります。減量中はある程度食べる食材が固定されるので、余計に敏感になっているのかもしれません。個人差はありますが、みなさんもダイエット中にそのような体の変化を感じたら、グルテンの摂取量を見直してみてください。

話を戻しますが、カロリー計算はダイエットをする上で欠かせないものですが、カロリーだけで見て低いほうを選ぶと逆効果になることも。体の中に入った後にどんな反応が起きるのかにも気をつけましょう。

ここ's advice

白米の他に、栄養価が高い玄米もオススメです。
玄米が食べにくいと感じる方は
雑穀やもち麦を白米に混ぜるのも◎

さつまいもはダイエットにいいイメージがあるけど食べ方にもオススメがあるの?

と焼きいも 痩せるさつまいもはどっち?

焼きいも

焼いたら余分な水分が落ちる?

ダイエッターに人気のさつまいも。ふかしいもと焼きいもは、どちらも油などは使わず、ただ調理法だけが異なりますが、「痩せやすさ」に違いはあるのでしょうか?　食べ方を工夫するだけでいつも以上に「ダイエット向き」になるなら、実践しない手はありません!　さあ、正解はどっちでしょう?

どっちが正解？

Q5 ふかしいも

ふかしいも

蒸すほうが
痩せそうじゃない？

ここ's advice

ダイエット中の間食にさつまいもはオススメ。
ここではより太りにくい
食べ方をお伝えします!

のほうがんです！

砂糖が入っていないのに、自然な甘みがあってスイーツ感覚で食べられる。その上腹持ちもバッグン！　と、さつまいもはダイエットの味方です。ただ、よりダイエット向きの食べ方は、蒸して食べることなんです！

ふかしいもはいもに直接火を入れず蒸しますが、焼きいもはいもに直接火を入れるので、いも自体の温度が上がりすぎてしまいます。そうすると、でんぷんが糖化されてしまい、糖の質が変わって、体内で吸収されやすい状態に（糖化されると甘みが出るので、焼きいものほうが甘みを強く感じるのはこのためです）。こうした理由からふかしいものほうがオススメです。

また、**ふかしいもは水分もたくさん含んでいるので、100gあたりで考えても焼きいもよりカロリーが低く**なります。主食の代わりやおやつで食べるなら、ぜひこちらを選んでみてくださいね。

ただ、じゃあ焼きいもが悪いのかというと、そうでもありません！　市販のお菓子を食べるよりもはるかに優秀でダイエット向きなので、焼きいもが好きな人は食べる量に気をつ

＼こっちが正解／

A5 ふかしいも

カロリーが低くなる

けながらおいしく食べていただけるといいかなと思います。間食として食べるなら大体100gくらい（焼きいも約1／2本）を目安にしてください！

ダイエットで大切なのは「続けること」。なので、ストレスをなるべく溜めずに、自分のできることからやっていくと失敗しにくくなります。まずはお菓子をさつまいもに替えてみるだけでもすごいことなので、自分を褒めてあげてくださいね。

そして次のステップとして、ふかしいもにするという手もアリです。私がダイエットで挫折していた理由は、なんでも完璧にやろうとすることでストレスが溜まり、モチベーションが保てなくなってやめてしまうことが原因でした。みなさんは、自分に厳しくしすぎずに、少しずつできることから、変えられるところから、見直していきましょう！

column 2

白米×さつまいもで最強の主食に！

さつまいもご飯のススメ

噛めば噛むほど
素材の甘みを
感じられる！

材料（2合分）

米 ― 2合（約300g）
さつまいも ― 中1本（約150～200g）
水 ― 約400～440mℓ（炊飯器の2合の線を目安に）
塩 ― 小さじ1
酒 ― 大さじ1
みりん ― 小さじ1と1/2

作り方

1 米を研ぎ、さつまいもの準備をしている間に軽く浸水しておく。さつまいもは1.5cm角に切り、水にさらしてアクを抜き、水気を切る。

2 炊飯器の釜に研いだ米、水、塩、酒、みりんを入れて混ぜる。その上にさつまいもを均等に広げ、炊飯器の通常モードで炊く。

3 炊き上がったら、全体をふんわりと混ぜる。

POINT

さつまいもは皮ごと使用すると煮崩れせず、見た目もキレイに仕上がります。塩加減はお好みで調整してください。炊き上がり時に酒を少量振りかけると風味がアップします。

さつまいもは白米には少ない食物繊維、ビタミン類（特にビタミンCやビタミンB群）、ミネラル（カリウムやマグネシウム）が含まれているので、**ダイエット中に不足しがちな栄養素を補えるのが魅力**。また、比較的消化吸収が緩やかな低GI食品に当たるさつまいもを混ぜ込むことで、**白米だけで食べるよりも血糖値の上昇が緩やかになって太りにくくなる**メリットが。食物繊維も豊富なので、**腸内環境を整えたり満腹感を持続**させたりして、間食したい欲求を減らすこともできます。さらに、白米よりさつまいものほうがカロリーが低いので、いつもより量を食べられるのもうれしい！　例えば、私は白米だと1食150g食べるのですが、さつまいもご飯にする時は白米100g、さつまいも100gの合計200gを食べています。ダイエット中によくお腹が空いてしまう方にもオススメです。昔は秋から冬にかけてしかさつまいもを見かけなかったのですが、最近はいつでも手に入るようになってきたので、ぜひ一年中さつまいもご飯を取り入れてみてください！

朝食の定番メニュー。両方肉だけど、どっちがいいとかあるの？

ハム
痩せるのはどっち？

ハム

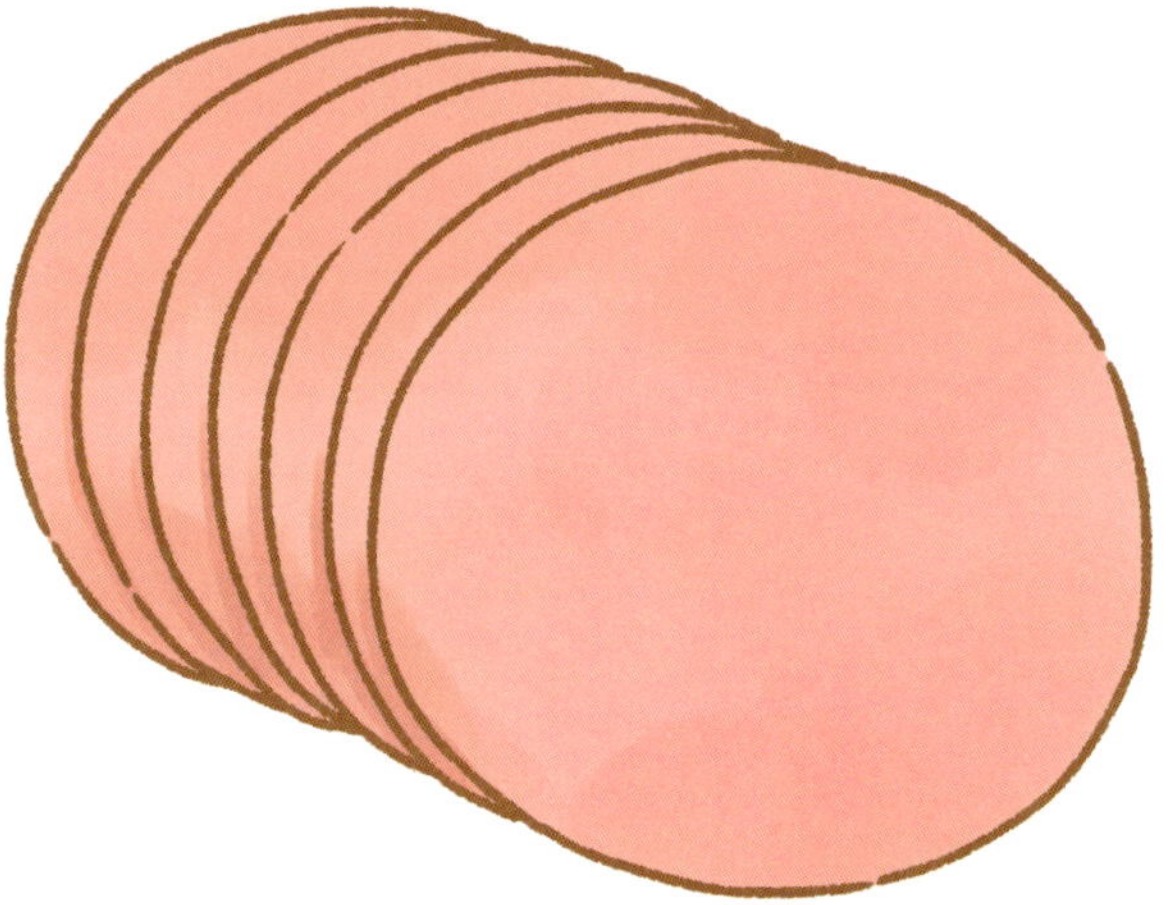

そのまま食べたら低カロリー？

朝食のタンパク源として定番なのが、ともに加工食品のベーコンとハム。両者の違い、みなさんはわかりますか？　恥ずかしながら私は、ダイエットのことをちゃんと勉強するまで知りませんでした。味付けや見た目は似ていますが、実は栄養素が違うことにきっと驚くはずです！

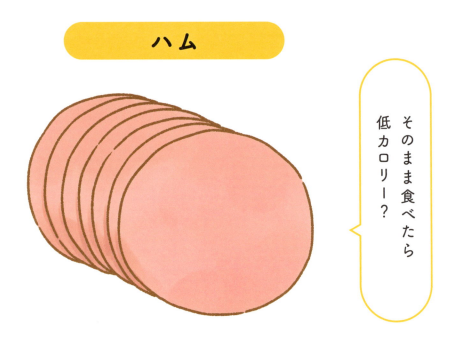

どっちが正解？

Q6 ベーコンと

ベーコン

油をひかずに
焼けばアリ？

ここ's advice

どちらも塩気が効いて
同じような味なのに
痩せやすさに差が出てしまうんです！

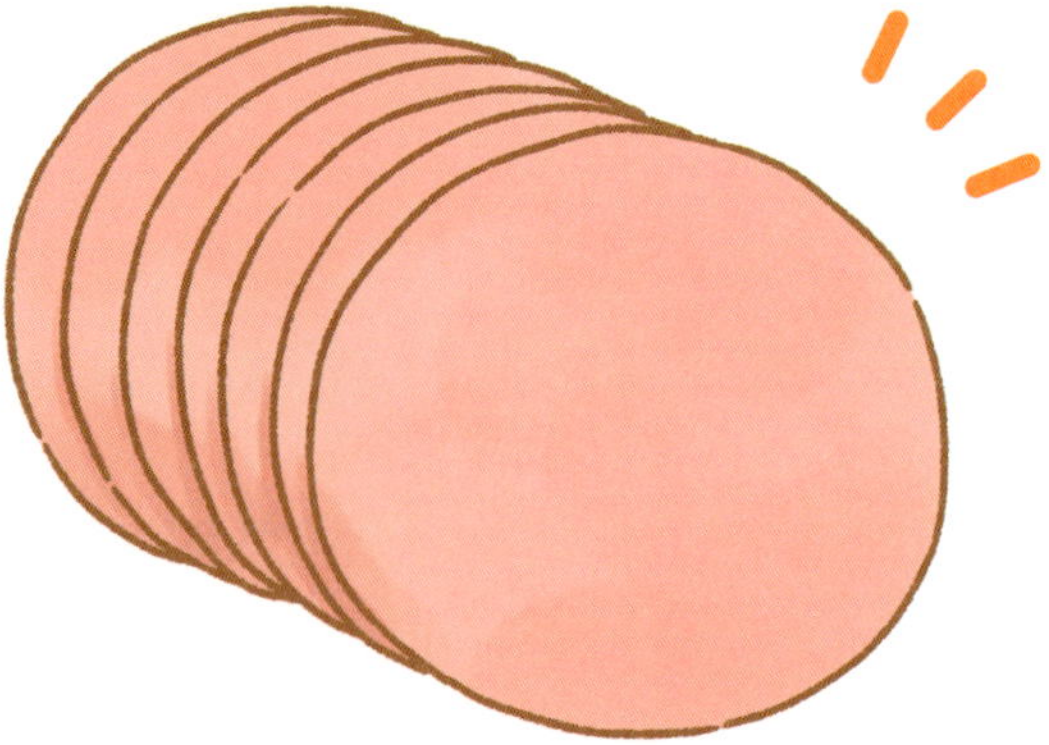

低カロリーです!

私も以前はベーコンとハムの違いを気にせず、毎朝ベーコンを食べていました。ただ、ダイエットについて学んだ際に、「ベーコンは脂の塊です。毎朝食べたら太るからハムにしてください」と言われて衝撃を受けたのです。実は、**ベーコンの脂質はハムの約3~4倍もある**そう! それに気づかず、毎朝ベーコンエッグを食べて「うん、今日も健康的な食事!」と満足していた自分はなんだったのでしょうか…。振り返れば、普段の食事で気づかないうちに「脂質が多いもの」をチョイスしていたなと感じます。**1gあたりの脂質は9kcal**と言われているので、**高脂質な食べ物はちょっと食べるだけでもハイカロリーになってしまいます**。毎朝食べるものだとなおさら。知らず知らずにカロリーを摂取してしまうので、低脂質なハムに切り替えてみてください。

ただ、どうしても食べたい人は「フライパンに油をひかない」ことをオススメします。最近はフライパン用のホイルが売っているので、フライパンにそのホイルを敷き、その上にベーコンをのせて焼くと油をひかなくてもこびりつきません。

＼こっちが正解／

A6 ハムのほうが脂質が1/3以下で

フライパンを洗う手間も省けるし、余分な油も摂らなくていいのでオススメです。炭水化物と違って脂質は運動しても燃焼しにくいので、カットできるものはなるべく省いて、適量を摂取するのが理想的。ただ、摂りすぎには気をつけたいですが、女性は1日に50〜60gの脂質が必要といわれていて、リバウンドのリスクを避けるためにはダイエット中でも30〜50gの脂質は必要不可欠。なので、「脂質は悪だから」と完全にカットするのは避けてくださいね。

卵を食べるならゆで卵がオススメ！

ベーコンやハムだけではなく、卵も朝食の定番メニューですよね。卵は「必須アミノ酸」が豊富なのがいいところ。「必須アミノ酸」は体の中では作られず、食べ物からでないと摂取できない栄養素。不足すると筋力低下や筋肉量の減少、疲労感が抜けない、免疫力の低下、肌荒れや髪のパサつき、精神的な不安定や集中力の低下などの症状が起こるので、卵を摂取して補いましょう！
ただ、卵は脂質も含まれるので、ダイエット中の朝食ではひとつだけにするのが◎。特に油を使わないゆで卵にすると、脂質がカットできます！

column 3

ヘルシー×高タンパク!

鶏むねひき肉のアレンジレシピ

こねる

混ぜる!

炒める!

ここ's advice

調理するときは油をひかず
テフロン加工のフライパンを使用。
焦げつき防止のホイルを使っても◎

鶏肉は牛肉や豚肉に比べて低カロリーで、ダイエット中でも量がたくさん食べられるのがいいところ。さらに、ビタミンB群が含まれていて代謝をサポート、脂肪燃焼を促進してくれます。中でも鶏むね肉やささみは高タンパク、低脂質でオススメです。ささみよりも値段が安い鶏むね肉は人気ですが、むね肉ってパサパサしているし、もも肉より硬い…。食べるのに飽きて続けられないと感じている方もいるのではないでしょうか？　私もいろんなレシピを試したり味付けを変えたりして工夫してるのですが、噛むことに疲れてしまう時がありきす（笑）。そんな時に体づくりのコーチが教えてくれたのが**「鶏むねのひき肉」**でした。ミンチになると食感が変わって格段に食べやすくなりますし、レシピのバリエーションが増えました。そして、**調理の際も肉を切ったり皮を剥いだりする下処理がいらず**、そのままフライパンに放り込むだけでいいのでとても楽なんです。「なんでもっと早く気づかなかったんだろう？」と後悔するほど、鶏むねひき肉は今では私の普段の食事に欠かせないものになっています。

そこで今回は、特に私がオススメしたい自信作のレシピを3つご紹介します！

万能！鶏肉味噌

鶏むねひき肉料理で私が一番ヘビロテしているのがこの肉味噌。アレンジが利いてご飯にかけても、おかずとして食べても大活躍！

ここ's advice

冷蔵庫で3日程度、冷凍庫だと3週間程度保存可能です

材料（2～3人分）

［メイン食材］

鶏むねひき肉 ── 300g
玉ねぎ ── 1個（みじん切り）
しめじ ── 1パック（みじん切り）

［調味料］

赤味噌、みりん ── 各大さじ4
酒、砂糖（コクをつけたい人はザラメ）
── 各大さじ2
水 ── 600㎖

作り方

1 フライパンで鶏むねひき肉を中火で炒め、パラパラになるまでほぐす。

POINT：最初に肉をしっかりほぐすことで、ダマになりにくくなります。

2 玉ねぎ、しめじを加えてさらに炒める。

POINT：玉ねぎがしんなりするまでしっかり炒めましょう！

3 すべての調味料を加え、汁気が少なくなるまで煮詰める。好みのやわらかさになったら火を止めて完成。

アレンジポイント

- きゅうりやレタスに添えて、野菜たっぷりの一品に
- 温かいご飯にのせて、そぼろ丼風に
- ゆでた細めの麺と和えて、ジャージャー麺風に
- 豆腐にのせて、ピリ辛豆腐に

鶏ハンバーグ

デミソースで食べることが多いですが、
カロリーを気にする人はポン酢やおろしだれで
食べるのもオススメです。

材料（2～3人分）

［メイン食材］
鶏むねひき肉—300g
玉ねぎ—1個（みじん切り）
しめじ—1パック（みじん切り）
パン粉—1/4カップ
牛乳—大さじ2
卵—1個

［調味料］
塩—小さじ1/2
こしょう、ナツメグ—各少々
（ナツメグはあれば で OK）

［簡単デミソース］
ケチャップ—大さじ3
ウスターソース（なければ中濃ソースでもOK）—大さじ2
水—大さじ1

作り方

1 パン粉を牛乳で湿らせ、すべての材料をボウルでよく混ぜ合わせる。
POINT：空気を含ませるように混ぜると、ふわふわに仕上がります。

2 4等分にして楕円形に整えてフライパンにのせ、中央をくぼませる。
POINT：くぼみをつけることで、膨らみすぎを防げる。

3 フライパンで両面を中火で焼き、蓋をして弱火で5分蒸し焼きにする。中まで火が通ったら、蓋を開けて野菜から出た水分を飛ばす。水分が飛んだらハンバーグを取り出す（ハンバーグの中心を押してみて、硬くなっていればOK）。同じフライパンにソースの材料をすべて入れ、中火で2分ほど煮詰めてタレを作る。照りが出てとろみがついたら完成。

アレンジポイント
- 大葉を刻んで生地に混ぜると、さっぱりした味わいに
- チーズをのせて溶かすと、より濃厚な味わいに（脂質は高くなりますが、たまのご褒美に）

鶏つくね

つくねは家族にも喜ばれるので、ダイエット中でも
一緒に食べられる逸品。いろんな味つけを試して！

材料（2人分）

［メイン食材］
鶏むねひき肉—300g
玉ねぎ
—1/2個（みじん切り）
しめじ
—1/2パック（みじん切り）
卵白—1個（卵黄はできあがった時につけて食べる用にとっておく）

［調味料］
醤油、みりん、酒—各大さじ2
塩—小さじ1/4

【水溶き片栗粉】
片栗粉、水—各小さじ1

できあがり用
卵黄—1個

作り方

1 ボウルでメイン食材をすべて混ぜ合わせ、小判形に成形する。
POINT：手に水をつけると成形しやすい！

2 フライパンに油を熱し、つくねを並べ入れる。
POINT：最初は強めの中火で焼きつけましょう。

3 両面こんがり焼けて、野菜から出た水分が飛んだら、調味料を入れて煮汁を煮詰める。煮汁が少なくなって泡がブクブクしている状態になったら火を止めて、水溶き片栗粉を入れてとろみをつけたら完成。

アレンジポイント
- 塩とレモンでさっぱり味に！
- 刻んだ大葉と大根おろし、ポン酢でさっぱり感も風味もアップ！

食事制限中でも甘いものが
食べたくなるんです（泣）

チョコとグミ 太りにくいおやつはどっち？

グミ

甘〜いけど
少しだけならいい？

ダイエット中にお菓子を食べると、ダイエットの進み具合が遅くなってしまいます。かといって、まったく食べられないのはストレスですよね。少しの量でもお菓子を食べて満足できるなら、たまにはアリだと思います。食べるとしたらどちらがダイエット向きでしょうか？

どっちが正解？

Q7 ハイカカオ

ハイカカオチョコ
（カカオ70％以上）

カカオが高配合だと
太らなさそうなイメージ

ここ's advice

ダイエット中に
オススメのスイーツの
基準があるんです！

んです！

答えはなんと、**グミ**！　砂糖の量だけで見るとグミのほうが多いですが、ハイカカオチョコも甘さ控えめながら砂糖が含まれています。では、なぜグミがダイエット向きなのかというと、**グミは砂糖とゼラチンが主な成分。つまり、脂質がほとんど含まれていません**。一方、ハイカカオチョコはカカオバター由来なので脂質が高め。運動するとまず最初に糖質からエネルギーが使われるので、脂質が使われなかった場合は脂肪として蓄積されやすくなります。ですから、おやつで食べるなら私は脂質の少ないグミをオススメします。

さらに、グミは硬いのでよく噛む必要があり、自然とそしゃく回数が増えます。**そしゃく回数が増えると、満腹中枢が刺激される**ので少量でも満足感を得やすい効果が！　ただ運動前後にエネルギー補給としてグミを食べるのはいいですが、糖質も多いので食べすぎには気をつけて。少しの量でも満足できるように、ゆっくりよく噛んで食べましょう。

とはいえ、どうしてもチョコが食べたい時はハイカカオチョコもうまく取り入れてくださいね。脂肪は1日で落ちませ

＼こっちが正解／

A7 グミのほうが成分的にオススメな

んが、逆に、1日食べてもすぐには脂肪にならないので、どうしてもガマンできない時は「お菓子を食べていい日」を作りましょう。オススメなのは「チートミール」（1食だけ好きなものを食べる）を設けること。甘いものや脂質やカロリーが高いものって、時々無性に食べたくなったりしますよね。そんな時は思い切って食べてOK。適度に休みを与えつつ、メリハリをつけることはとても大切です。

ダイエット向きのおやつ

高 ↑ オススメ度 低

でんぷん質の糖質（さつまいもなど）

筋肉のエネルギー「筋グリコーゲン」を補えるので、筋力の維持に効果的。代謝をキープすることで太りにくい体になれる。

果物

果物の糖質は消化吸収が緩やかで、血糖値の急上昇を抑えやすい。また、水分が多くカロリーが低めで、ビタミンや食物繊維が豊富なのも魅力的。

和菓子（グミもここに含む）

和菓子は脂質が少なく糖質が多いので、摂取したエネルギーが体脂肪に変わりにくく、すぐに消費されやすい。洋菓子よりもダイエット向き。

洋菓子

糖質と脂質が含まれるため、脂質が吸収されずに残り、脂肪として貯蔵される可能性が高い。

※詳しくはP65

column 4

甘いものは せめて朝に食べよう!

ダイエット中は甘いものを一切食べちゃダメ? 確かに、早く痩せたかったら甘いものは食べないほうがいいです。だけど、頭ではわかっていても、食べたいものは食べたいですよね。そんな時は、「食べるタイミング」に気をつけましょう。夜に甘いものを食べると、朝起きた時にむくみやすくなります。むくむということは体内の水分量も多くなっているので、むくんだ分体重が増えているはずです。これを知らないと、体重の増加に落ち込んでダイエットのモチベーションも下がってしまいます。

一方、朝に食べるとその後1日動くのでカロリーが消費されてむくみにくくなります。なので、罪悪感と体重への影響を減らすには**「せめて朝に食べる」**のがオススメです。

また、食べるスイーツの種類にも気をつけましょう。P62でも書きましたが、体内でエネルギー消費されるのは糖質から。その後脂質が消費されるのですが、脂質が使われなかった場合は脂肪として蓄積されてしまいます。だからまずは、**糖質も脂質も多い洋菓子から、低脂質の和菓子に替えていけるといい**ですね。

その次のステップに進める人は、**和菓子よりも果物がオススメ**です。果物は糖質の質が異なるので、消化吸収が砂糖よりも緩やかで血糖値が急上昇しにくい食べ物。そして果物のほとんどが水分なので、カロリーも低くビタミンや食物繊維が豊富です。さらにもう1ステップ踏み込めそうな人は、**でんぷん質の糖質のおやつにできたら最高**です！　でんぷん質のおやつとは、さつまいも、とうもろこし、バナナなど。でんぷん質のエネルギーを補うことで、運動した時に脂肪燃焼が進みやすくなる成分「筋グリコーゲン」を蓄えることができます。また、基礎代謝を高める効果も。「筋肉は裏切らない」とはよく言いますが（笑）、筋肉量を保てるおやつをうまく取り入れながら、甘いものは夜よりも朝に楽しみながら、ストレスを溜め込まずにダイエットを乗り越えましょう！

たまの晩酌のアテ、
ダイエット中は何がオススメ？

ビーフジャーキー
痩せるおつまみはどっち？

ビーフジャーキー

ジャンキーな味のおつまみだけどダイエットにいいの？

ナッツはなんとなく健康に良くて、ダイエット向きだと思っている人も多いのではないでしょうか。また、高タンパクなビーフジャーキーもダイエットにいいと一時期話題になりました。両者とも良さそうなイメージですが、実はどちらか一方はイメージだけが先行して、ダイエットの成功を妨げている食材なんです。

＼どっちが正解？／

Q8 アーモンドと

アーモンド

ナッツ類って
ダイエット向きなイメージ

ここ's advice

たまのご褒美の
晩酌タイムに
ぴったりなのはアレです!

キーのほうが

ク・低脂質です！

「え？　ナッツじゃないの？」と思った方が多いのではないでしょうか。アーモンドを含めたナッツ類は、良質な脂質（不飽和脂肪酸）、食物繊維が豊富で、抗酸化作用があるビタミンEも含まれるので、美肌や健康にとても良い食材です。ですが、良質とはいえ脂質が多いのも事実で、意外とカロリーも高いのです。**アーモンドのカロリーは同じ量ならビーフジャーキーの約2・4倍で、さらに脂質はなんと7倍以上**！

一方、**ビーフジャーキーは高タンパク、低脂質、鉄分も豊富**と栄養価がバッチリ。なので、おつまみにするとしたら断然ビーフジャーキーがオススメです。

「アーモンドは美容や健康にいいって聞くんだけど…」と思った方のために補足すると、確かに数粒食べるのはオススメです。ですが、ダイエット中のつまみや間食の代わりとしては脂質が高すぎるのです。「健康にいいイメージ」のものはたくさん食べても大丈夫と思いがちですよね（以前の私はまさにそうでした…）。例えば女性が大好きなアボカド。森のバターと言われていて、美容面で多くのメリットがあるスーパー

こっちが正解

A8 ビーフジャーキー

圧倒的に高タンパ

フードです。「野菜だからいっぱい食べてもいいよね」と思っていませんか？　確かに、ビタミンE、ビタミンC、オレイン酸（不飽和脂肪酸）の良質な脂質でアンチエイジングにも効果的と言われています。ところが、アボカド1個の脂質量はなんと約30g。脂質制限をしている人なら、アボカドを1個食べてしまうとすぐに1日の脂質はオーバー。健康にいい食材でも意外と脂質が高かったりするので要注意です。

ちなみにナッツ類では、マカダミアナッツやくるみはアーモンドよりもさらに脂質が高いと言われています。意外ですよね。このように、知らず知らずのうちに高脂質の食べ物をチョイスしていることはよくあるので、気をつけましょう。

高脂質なナッツランキング
（30gあたりで換算）

順位	ナッツ	脂質	カロリー
1位	マカダミアナッツ（煎り／味付け）	23g	216kcal
2位	くるみ（煎り）	20.6g	202kcal
同率3位	ピスタチオ（煎り／味付け）	16.8g	185kcal
同率3位	アーモンド（煎り／無塩）	16.2g	182kcal
5位	カシューナッツ（フライ／味付け）	14.3g	173kcal

出典：日本食品標準成分表

ダイエット中でもたま〜に
飲みたくなっちゃう!

糖質ゼロビール

痩せるお酒はどっち?

糖質ゼロでも
ビールってどうなんだろ?

糖質ゼロビール

本当はビール派だけど「ダイエットにはハイボールって聞いたことがあるからハイボールを飲んでいる」、そんな人も増えましたよね。でも、大好きなビールも糖質ゼロだったら…？　ガマンせずに好きなお酒が選べるようになるかもしれません。果たしてその結果やいかに？　気になる答えは次のページで！

どっちが正解？

Q9 ハイボールと

ダイエット向きのお酒だって
聞いたことあるような…

ハイボール

ここ's advice

最近は糖質オフのお酒が増えましたよね!
たまのご褒美で嗜む時に罪悪感なく
飲める、オススメなお酒の種類をお伝えします!

ビールはなんです!

正解は**糖質ゼロビール**。ただ、ハイボールがダイエット向きなのは事実！　どちらも糖質がゼロなので、今回は純粋にカロリーだけで比較しました。とはいっても、**カロリーはなんと約2倍も違います**。これを知ると、ビールが好きだけどダイエットのためにハイボールにしていた人も、今日から糖質ゼロビールが飲めますね。自宅でお酒を飲む時は、糖質ゼロビールにビーフジャーキーで晩酌すればかなりカロリー、糖質、脂質を抑えられるということです。同じ量を飲むにしても、こういうことを意識して気をつけながら食べたり飲んだりするだけで、大きな差になります。

　私もこの事実を知らなかった時は、一応ダイエットを気にして飲み会でもハイボールを頼んでいましたが、つまみにミックスナッツを頼んだり、ベーコン、チーズたっぷりのシーザーサラダやアボカドの一品料理を注文したりしていました。それで「私って外食中もダイエットに気を使っていてステキ♪」なんて自己満足に浸っていたものです（笑）。

　もちろん大前提として、ダイエット中のアルコールはでき

＼こっちが正解／

A9 糖質ゼロ

カロリーが約1/2

れば避けたい飲み物のひとつ。なぜかというと、**アルコールを体内で分解すると脂肪や糖の燃焼が後回しにされてしまう**んです。そうすると、糖や脂肪がエネルギーとして消費されず、脂肪として蓄積されやすくなります。また、アルコールを摂りすぎると筋肉の成長に必要なタンパク質合成を妨げる場合があります。さらに、ダイエットに重要な睡眠の質も低下してしまうので、ダイエット中はできれば控えたほうがいいです。でも、仕事やプライベートの付き合いの飲み会もありますし、ダイエット中でも誰とも外食せずに家で鶏むね肉ばかり食べてるわけにはいかないですよね。ダイエットのためにストレスを溜めてほしくはありません。

むしろ、たまの外食や付き合いの時は何も気にせず思い切り食べられるように、何もない日に気をつければ良いと思っています。特別な日を楽しむために、正しいダイエットの知識をつけていきましょう！

カフェでもよく見かける３種類、
どれがいいの？

モンドミルクとオーツミルク、
痩せるミルクはどれ？

アーモンドミルク

オシャレなカフェで目にする機会が増えた！

オーツミルク

豆乳（無調整）は以前から牛乳よりもヘルシーなイメージがあったけれど、最近よく見るアーモンドミルクやオーツミルクってどうなんでしょうか？　ドリンクのオプションでミルクの代わりに選べるカフェも増えてきているので、ここでミルクの違いを知って、自分に合ったものがチョイスできるようになりましょう！

どっちが正解？

Q10 豆乳（無調整）とアー

豆乳（無調整）

豆乳（無調整）は
ヘルシーなイメージ！

アーモンドミルクも最近
スーパーでよく見かける…

ここ's advice

どれも牛乳よりも体に良くて
ヘルシーなイメージがありますが、
中でもオススメはアレ！

ミルクは

ほしい最強ミルク!

おつまみ編でアーモンドは脂質とカロリーが高いという話をしたのに、「まさかの**アーモンドミルク**が1位?」と思われたかもしれません。アーモンドミルクは、アーモンドそのものをすり潰して水と混ぜた後にろ過して作られます。この過程でアーモンドの固形分や油分の多くが除かれるのです。なので、完成したアーモンドミルクの中に含まれる脂質やカロリーは、アーモンドそのものに比べて大幅にカットされているというわけ。また、アーモンドミルクの無糖タイプや甘味料が加えられてないものは**カロリーも脂質も低くなるので、この中で一番ダイエット向き**だと言えます。さらに、ナッツ由来のビタミンEも豊富で美容効果も期待できます!

次にオススメなのはオーツミルク。オーツミルクは糖質メインのミルクでエネルギーに変わりやすいのが特徴です。豆乳（無調整）とカロリーはさほど変わらないのですが、豆乳（無調整）のほうが脂質が多いので、2位オーツミルク、3位豆乳（無調整）の順になります。この順位はあくまでダイエット向きかどうかで考えた場合。

＼ こっちが正解 ／

A10 アーモンド

カスタムで選んで

そのほかの特徴として、**豆乳（無調整）は植物性タンパク質が多く含まれていたり、大豆イソフラボンなども豊富**なので、美容のことを考えて飲むのはとてもいいと思います。また、**オーツミルクも食物繊維が豊富で満腹感を得やすく、糖質メインのミルク**なので運動前のエネルギー補給や運動後のリカバリーにも向いています。炭水化物がやや高めですが、血糖値の急上昇を抑えるβグルカンも含まれているので、目的に合わせてチョイスしてみてくださいね！

各ミルクの特徴

豆乳（無調整）	3つの中では脂質が高めだが、植物性タンパク質や大豆イソフラボンなども豊富だったりするので、美容のことを考えて飲むのは良い。
アーモンドミルク	最も脂質が少なく、カロリーも低め。さらに、ナッツ由来のビタミンEも豊富で美容効果も期待できる。
オーツミルク	食物繊維が豊富で満腹感を得やすく、糖質メインのミルク。運動前のエネルギー補給や運動後のリカバリーにも向いている。

料理に欠かせない油、
何を選んだらいいの〜？

イルと米油
痩せやすいオイルはどっち？

米油は最近
人気でヘルシーそう

米油

ヘルシーオイルの定番・オリーブオイルと、最近よく見かける米油。それ以外にも、ごま油や菜種油など、健康に良さそうな油はたくさんあるけれど、結局どれがいいの？　毎日の料理に欠かせない油だからこそ、選び方ひとつで痩せられるなら、替えない手はありませんよね。オススメの油は次のページをチェック！

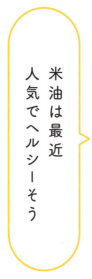

どっちが正解？

Q11 オリーブオ

オリーブオイルは健康にいいイメージ

オリーブオイル

ここ's advice

油＝脂質が高いからとダイエット中は
避けている方も多いと思います。
でも、どうしても料理で使わなければいけない時に
オススメの油をご紹介します!

イルのほうが

あります!

正解は**オリーブオイル**。こちらのほうが「不飽和脂肪酸」が含まれているのでダイエット向きです。これまでにもちょくちょく登場した「不飽和脂肪酸」ですが、ここでは詳しく解説したいと思います。

ダイエットに取り組む上で、「不飽和脂肪酸」の存在は重要です。まず、油に含まれている脂肪酸は「飽和脂肪酸」と「不飽和脂肪酸」の2種類に分けられます。「不飽和脂肪酸」はオリーブオイル、アボカド、魚（さば、鮭など）、ナッツ類（アーモンド、くるみなど）に含まれています。特にダイエットにオススメな理由は、脂肪燃焼を促してくれるから。「不飽和脂肪酸」は体内で吸収されにくく、そのままエネルギーとして使われやすいので、体脂肪になりにくい性質があるんです。ただし「不飽和脂肪酸」にもカロリーがあるので摂りすぎには注意してくださいね。

一方で、米油も「不飽和脂肪酸」を含んではいますが、「リノール酸」も含まれています。これは多いと代謝が低下したり脂肪燃焼を妨げたりすることもある成分です。実は**オ**

こっちが正解

A11 オリーブオイル

脂肪を燃やす力が

イル自体のカロリーは、種類は違えどどれも同じ。だからこそ、体の中に入った後で脂肪燃焼を促してくれるかどうかが選ぶ際の決め手になります。ちなみに、オリーブオイルと同じように「不飽和脂肪酸」がメインのオイルとしては、えごま油、アマニ油、フィッシュオイルなどが挙げられます。そして、米油と同じような「リノール酸」が主成分のオイルはサラダ油、コーン油、ごま油など。選ぶなら**「不飽和脂肪酸」がメインのオイルにしましょう**！

ダイエット向きのオイル

オリーブオイル／えごま油／アマニ油

エネルギーに変わりやすくて脂肪になりにくい。オレイン酸メインやα-リノレン酸（オメガ3脂肪酸）は、不飽和脂肪酸の中でも脂肪燃焼や代謝改善に特化した成分。

摂りすぎに注意したいオイル

米油／ごま油／紅花油／サラダ油

リノール酸が多いので、どちらかというとお肉の成分に近い。だから揚げ物など肉料理との相性が抜群。

**オイルのカロリーは
どれも同じ！**

※オイル1gのカロリーは9kcal（大さじ1で126kcal）

料理で使う甘味料は
どれが正解?

みりん

痩せる甘味料はどっち?

みりんって
カロリーが高そう!

みりん

和食料理の甘味をつけるときなどによく使われる砂糖とみりん。あなたはどちらを使っていますか。はたしてどちらがダイエット向きなのでしょうか?　料理は毎日するものなので、知っているのと知らないのでは〝チリツモ〟で差が出ちゃいます!　気になる結果は次のページで明らかに!

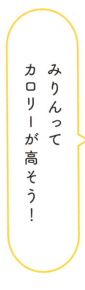

どっちが正解？

Q12 砂糖と

砂糖も太る
イメージがある…

砂糖

ここ's advice

ダイエット中で料理に甘味を
つけたいなら、太りにくい
甘味料を選びましょう!

やかで太りにくい！

正解は**みりん**。カロリーはみりんのほうが少し高いですが、それでも砂糖よりもみりんがオススメな理由は、**砂糖を摂ると血糖値が上がりやすくなってしまう**から。一方みりんは発酵食品なので、腸内環境を整えたり、微量ですがアミノ酸、ビタミン、ミネラルが入っていたり、旨み成分も含まれているので砂糖よりも少量で甘さとコクを引き出せます。これまで甘味をつけるのに砂糖を使っていた人は、みりんで代用するのがオススメです。

ただし、ここにも大きな落とし穴が。今説明したみりんというのは、正確には「**本みりん**」のこと。スーパーでは「みりん風調味料」という、みりんのような調味料も売られています。価格が安めでみりんのような甘味や照りが出せるのですが、含まれている成分は「ブドウ糖果糖液糖」で、本みりんとはまったく別物の、血糖値が上昇しやすい甘味料です。本みりんの原材料はもち米、米こうじ、酒だけと至ってシンプル。みりん風調味料よりもお高めですが、どうにかして本みりんにしてほしいところです。

＼ こっちが正解 ／

A12 みりんのほうが

血糖値の上昇が緩

また、デザートに甘味をプラスしたい時にオススメの甘味料についてもご紹介します。よく聞かれるのは、はちみつとメープルシロップで、「スイーツやヨーグルトにかける場合はどちらがいいのか？」ということです。これもカロリーはメープルシロップのほうが低いのですが、みりん同様「メープルシロップ風」のものが安く売られていて、それは砂糖をベースに作られているので要注意。また、本物のメープルシロップでも原産国がカナダやアメリカだと高価になってしまうので、気軽に食べられるはちみつのほうがオススメです。はちみつのカロリーはメープルシロップに比べて高いですが、**栄養価が高く、血糖値の上昇も緩やか**なので、ちょっとした甘味足しに最適です！

ここ's advice

砂糖は市販品や外食で
たくさん使われているので
自炊だけでも工夫してみてください！

第2章

痩せる動作はどっち？

立つ、歩く、座るなど、私たちは日頃からいろんな動作をして生活しています。
第2章では、意識するだけで見た目が変わる「痩せる動作」をご紹介します。
食洗機が食器を洗い、ロボット掃除機が掃除をして、
洗濯機は乾燥までしてくれる。
そんな便利な時代になったからこそ、
日常の動作で消費されるカロリーは減っています。
だからこそ、痩せる動作を意識的に実践して、少しずつカロリーを消費しましょう！
「ジムと整体どっちがいい？」「ストレッチはいつやるのがオススメ？」など、
よくあるギモンにもお答えします。

日頃のクセが
体を変える!?

痩せる動作のポイント

意外と
できていない人多数!

正しい姿勢を保つ

一番大切なのは「正しい姿勢を保つこと」です。立っている時は正しい姿勢が意識できていても、動きが入ると途端に崩れる人が本当に多い！　みなさんのまわりに、ジムに行っていないのにスタイルがいい人はいませんか？　その人の動きをよく見てみると、普段から姿勢が良く、正しく筋肉を使えていることがほとんどです。

残念ながら食事だけ変えてもスタイルは良くなりません。ただ単に体重が減っただけでは引き締まったメリハリボディにならないのです。そう、日常の動作でどれくらい「使いたい筋肉を使えているか」が大切です。そこに運動を加えられるとより理想的な体に近づけるでしょう。この章では、クセが出やすい日常生活の動作を見直すことで、知らず知らずにボディラインが整っていくヒントをたっぷり詰め込みました！　一歩一歩、根気強く意識して見直していきましょう。

普段あまり意識しない
「歩き方」について!

とかかとから着地
痩せる歩き方はどっち?

かかとから着地

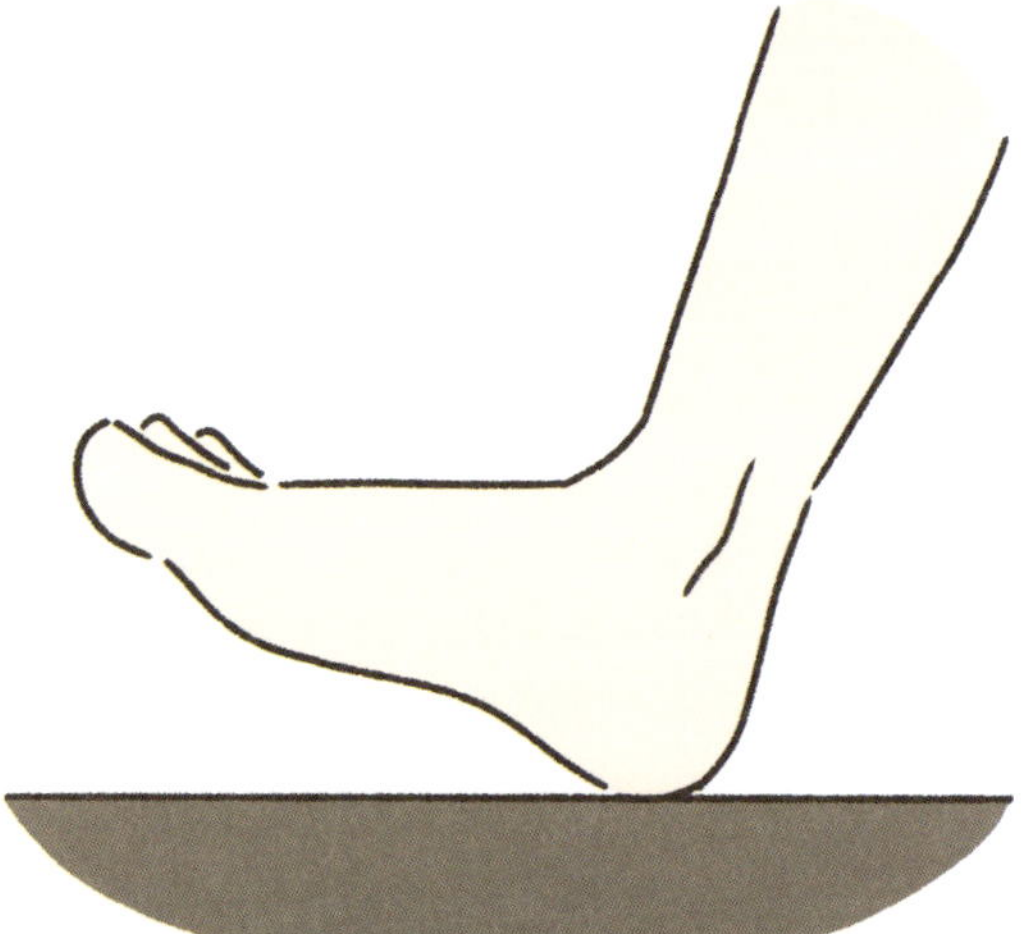

かかとから着地すると
アキレス腱が伸びる!

歩く時につま先とかかと、どちらから着地するかなんて、あまり考えないですよね。私も体のことをちゃんと勉強するまでは、違いなんて知りませんでした。でも、それによって痩せやすさが変わってくるんです！　毎日のことなので、しっかり意識したいですね。

どっちが正解？

Q1 つま先から着地

つま先から着地

足がピンと伸びて
ふくらはぎに効きそう？

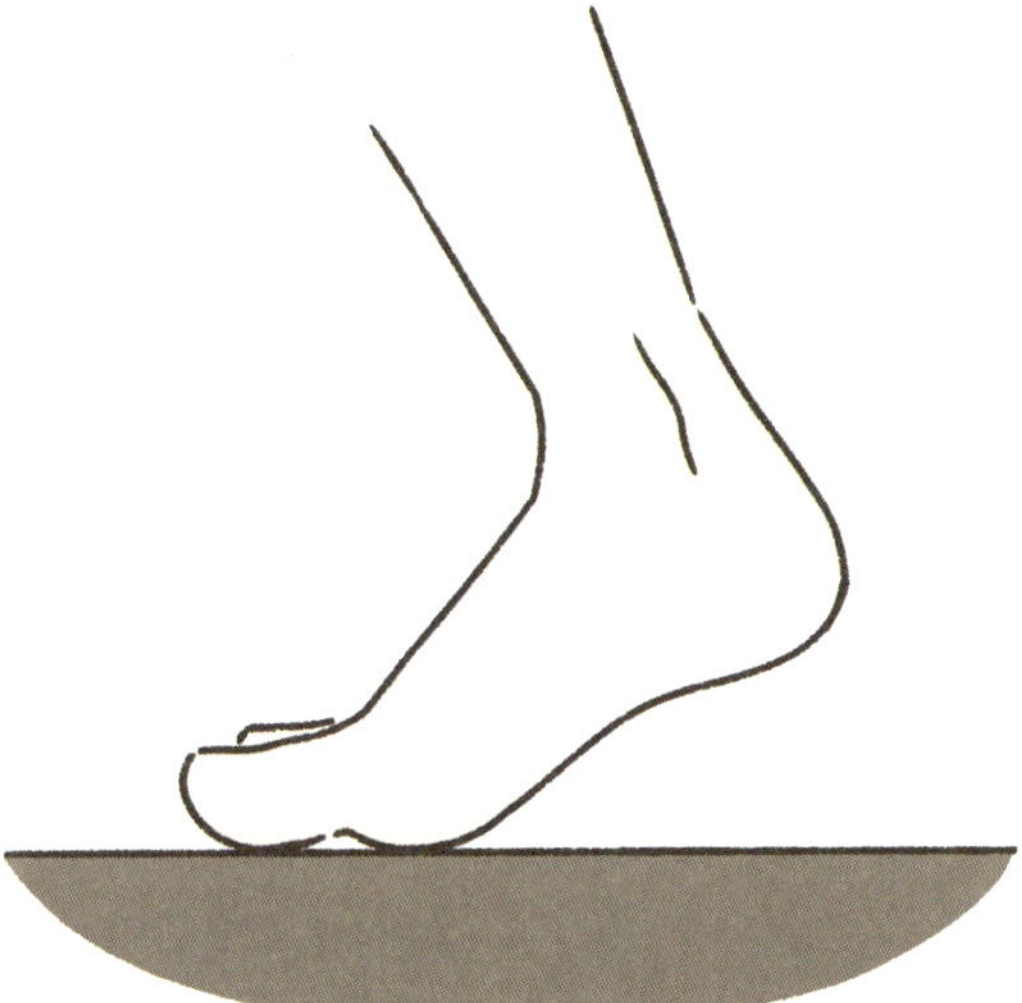

ここ's advice

ダイエットにウォーキングを取り入れる人は多いですが、たくさん歩いているのに成果が出にくいなと感じているなら、歩き方が間違っているかもしれません。体がきちんと筋肉を使って歩けるように、正しい歩き方を覚えましょう！

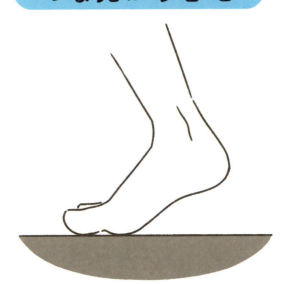

着地のほうがカロリーがアップします!

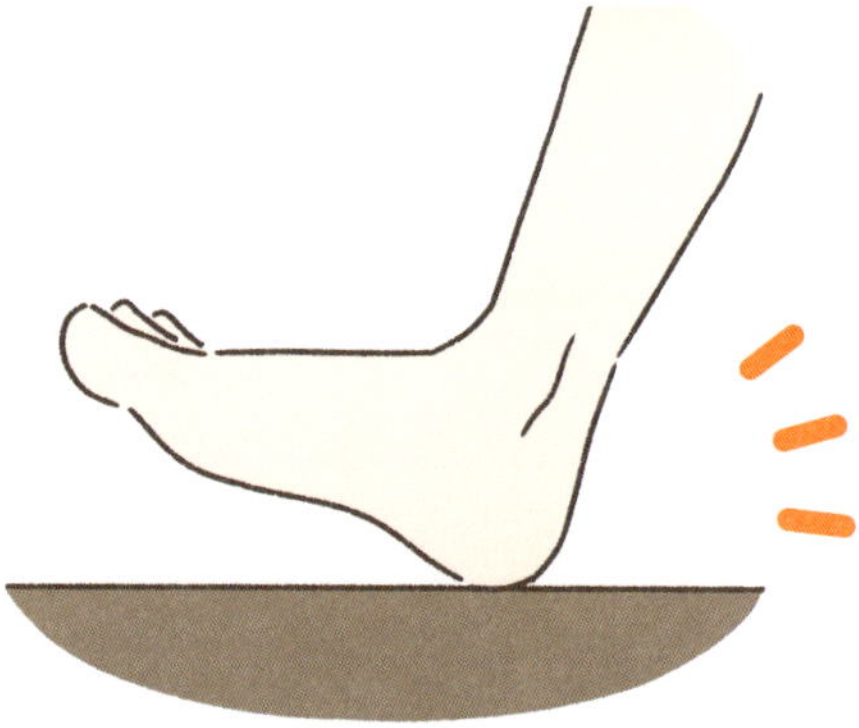

答えは「**かかとから着地**」です。歩く動作の消費カロリーを増やすには、歩幅を大きくしないといけないのですが、つま先から着地すると大股で歩くのが難しいです。さらに、前傾姿勢かつ背中が丸まりやすくなって、腹筋や背筋をうまく使えなくなってしまいます。また、ふくらはぎの筋肉だけをたくさん使ってしまうので、ダイエット面での効率が悪いのも特徴。

一方、かかとから着地をすると、**大股歩きがしやすくなってカロリー消費が増える**だけでなく、下半身の大きな筋肉（お尻、太ももなど）をきちんと使えます。すると、**代謝が上がりさらに痩せやすい体に**！ あとは、背中が丸まりにくいので姿勢が崩れにくいというメリットも。コツは、足の裏にあまり力を入れずにリラックスした状態で歩くこと。特に足指を意識しないほうが上手に歩けます。さっそく今日から実践してみてください！

＼ こっちが正解 ／

A1 かかとから

大股で歩けて消費

目線は10mくらい先を
見る。下を向きすぎると
猫背になりやすい
あごは引く
腕を前後にリズム良く
振る。肘を90度に曲げ
ると効率的
下腹部に力を入れる
足を前に出す時、かか
とから着地してつま先
へ体重を移す
背筋は伸ばす
歩幅を大きくして消費
カロリーを増やす

日中ほとんど座っている方は
特に気をつけてほしい！

座ると浅く座る
痩せる座り方はどっち？

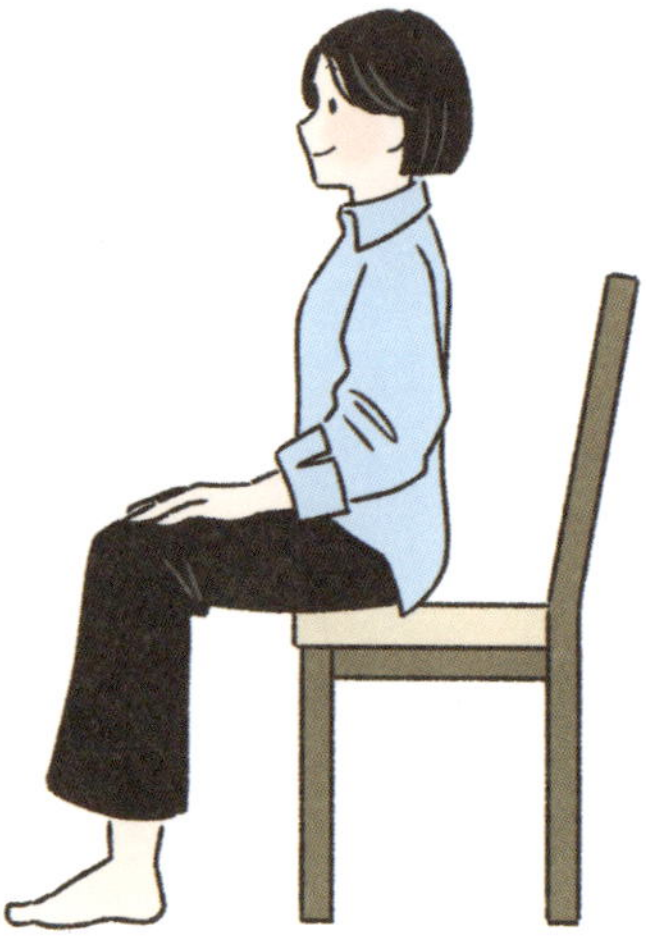

正しい座り方ってきちんと習いませんよね。小学生の時に学校で「背筋を伸ばしましょう！」と言われた記憶はありますが、それ以外は教わりませんでした。でも、座り方を意識するだけで痩せやすくなるなら…？　今日からぜひ意識してみましょう！

どっちが正解？

Q2 椅子に深く

背もたれを使ったら
背筋を伸ばしやすい？

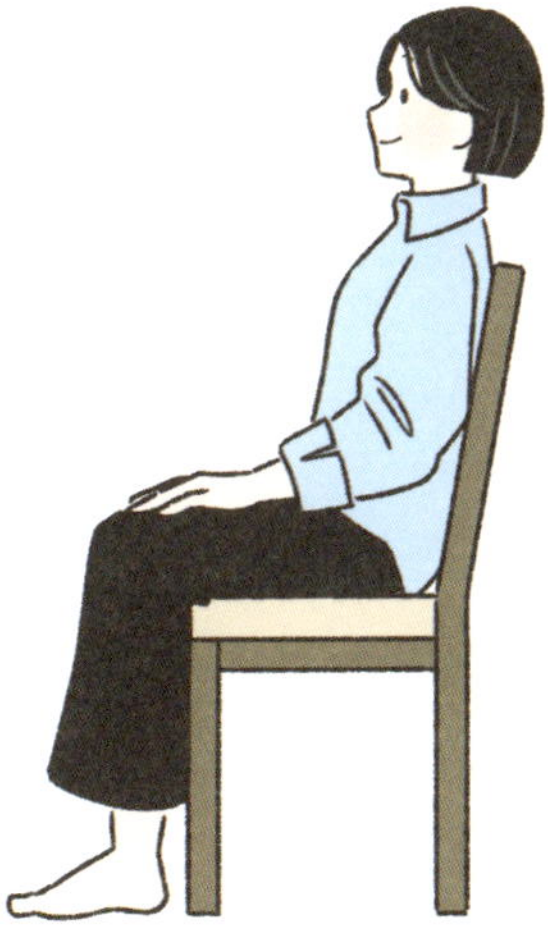

深く座る

ここ's advice

私たちは、座ったり立ったりなどの動作をする際に活動代謝というものを消費しています。もちろんこれだけでどんどん痩せていくわけではないですが、きちんとした座り方を意識することで1週間で100～150㎉の差が出る可能性があるんです！

ほうが

美姿勢をキープできます!

答えは「**浅く座る**」です。そのほうが骨盤が前にも後ろにも倒れにくく、フラットな状態を保ちやすくなるから。一方、深く座ると骨盤が後傾しやすく、背中が丸まって体幹のインナーマッスル（腹横筋や多裂筋など）が働きにくくなります。結果的にエネルギー消費が低下するのです。

なので、少しでも痩せたいなら、**椅子に浅く腰掛けて骨盤を立て、フラットな状態をキープする**ように心がけてください！ 体幹が自然と働くので、正しい姿勢をキープしながら筋肉に軽い負荷がかかります。

ただし、人間の体は本来、長時間座り続けるようにはできていません。どんな座り方でも長時間座りっぱなしの状態が続くと血流が悪くなり、筋肉の活動が止まってしまいます。エネルギー消費が落ちるだけではなく姿勢も崩れやすくなるので、**デスクワーク中もまめに立ち上がることで血流を良くして、姿勢をリセット**させましょう。生活習慣病のリスクが軽減して気分転換にもぴったりです！

＼ こっちが正解 ／

A2 浅く座る

骨盤が前後に倒れず

背中にクッションを置くのもオススメ
骨盤が後ろに倒れたり反ったりしないようにまっすぐ保つ
椅子に浅く腰掛ける

適度に立ち上がって座りっぱなしの状態を続けないようにする

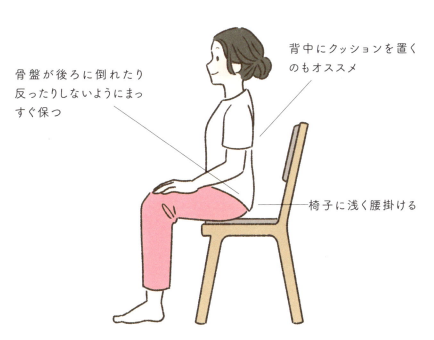

靴の種類によって
痩せやすさが変わるなんて！

スニーカー
痩せる靴はどっち？

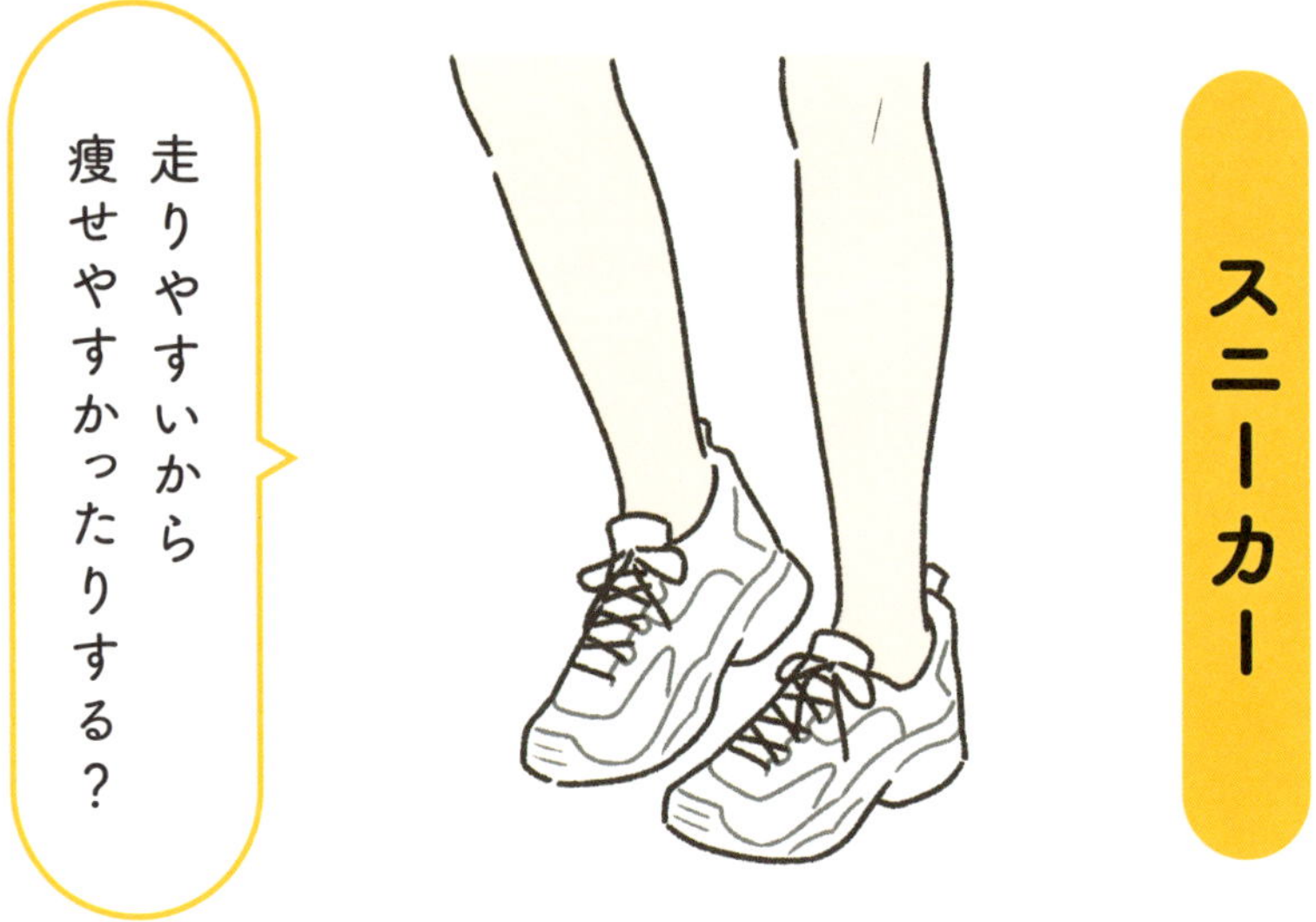
走りやすいから
痩せやすかったりする？
スニーカー

靴の選び方も「痩せやすさ」に関係しているんです！実は、かかとの部分にヒールがあるかどうかで体の使い方が変わるのです。ダイエットって生活習慣の積み重ねで変わってくるので、こういうちょっとした違いを知っておくとダイエットがスムーズに進みます。

どっちが正解？

Q3 ヒールと

ヒールのほうが足に
負荷がかかって痩せそう
ヒール

ここ's advice

食事を見直したり運動を取り入れたりするのは努力が必要ですが、靴の選び方に努力は必要なし。それで痩せるスピードが変わるなら、見直さない手はありません!

のほうが
もアップします！

答えは**スニーカー**です。私の生徒さんの中には「ふくらはぎがキュッと締まるから、ヒールを履いているほうが足が細く見えるんです」とおっしゃる方もいるのですが、それはふくらはぎが過度に緊張し続けている状態です。これが続くと、筋肉が硬くなって血流が悪くなり、むくみや筋肉が張る原因になります。

そして、ヒールはつま先で着地することになってしまうので、結果的に反り腰や猫背になりやすく、体幹の筋肉がうまく使えなくなり、姿勢が崩れやすくなります。姿勢が崩れると代謝も下がってしまい、体に不調が出たり痩せにくい体にもつながったりするので気をつけましょう。私は普段スニーカーを履きますが、TPOに合わせてヒールを履くこともあります。その時はなるべく履いている時間を短くするように心がけています。

スニーカーを履くとかかと着地ができるので、重心が安定し、歩幅も大きくしやすくなり、消費カロリーのアップが狙えます。さらに、ふくらはぎ全体が適度に伸び縮みして血流

こっちが正解

A3 スニーカー

重心が安定し血流

や筋肉の動きがスムーズになるので、健康的に引き締まった足を目指せます。その上、スニーカーはクッション性が高く地面からの衝撃を吸収してくれるので、膝や腰の負担を軽減する効果も望めて、いいことばかりなのです。

長時間歩く予定がある日などは特に、スニーカーを選ぶようにしていただけるといいかなと思います。ムリのない範囲で少しずつ取り入れてみてくださいね。

ここ's advice

私はホテルでの食事の際は、
到着まではスニーカーを履いて移動。
ホテルに着いてからヒールに履き替えるように
工夫しています!

どっちもダイエットに
良さそうだけど…？

と朝のラジオ体操
痩せるのはどっち？

朝のラジオ体操

子供の頃によくやったラジオ体操と、体が柔らかくなりそうなストレッチ。どちらも手軽にできるイメージがありますよね。やることで痩せやすくなるなら気になりますが、果たしてどちらが効果的なのでしょうか？

どっちが正解?

Q4 夜のストレッチ

夜のストレッチ

ストレッチで
脂肪が燃焼する?

ここ's advice

「え、どっちもいいんじゃないの?」 と思った方も
いらっしゃると思います。ここで知っておいて
ほしいのは両者の体の使い方の違いです!

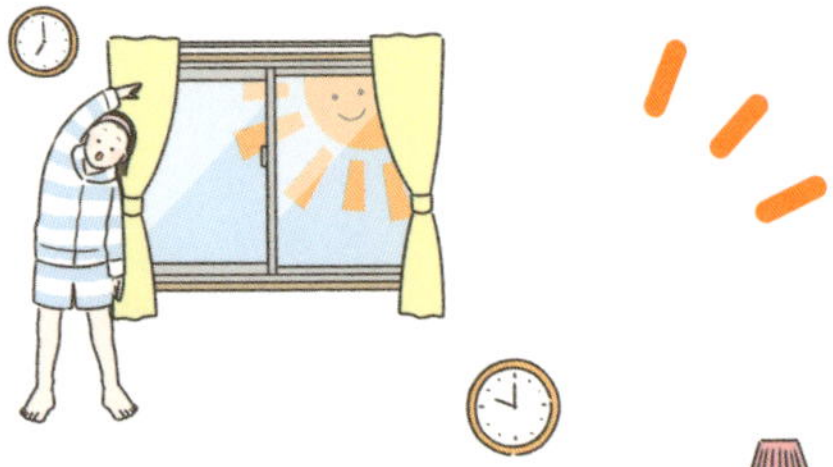

朝のラジオ体操も でも、「効き方」が違います!

夜のストレッチと朝のラジオ体操、どちらが痩せやすいかについてはドロー（引き分け）です。そんなのアリ!?　と思う方もいらっしゃるかもしれませんが、実はそれぞれ違う役割と効果があるので、ここできちんと説明させてください。

まず、**両方とも痩せる体づくりには効果的**です。夜に行うストレッチは「**静的ストレッチ**」が中心。これは筋肉をゆっくり伸ばしてリラックスさせる方法で、ひとつの姿勢を30秒くらいキープして柔軟性を高めます。一般的にみなさんが想像するストレッチは、ほぼ静的ストレッチです。柔軟性のアップだけでなく、副交感神経を優位にして睡眠の質を向上させてくれるのですが、これがダイエットにはとても重要。

良質な睡眠はホルモンバランスを整えて、脂肪燃焼に関わる成長ホルモンの分泌をサポートします。そして、寝る前にストレッチをすることで筋肉の緊張がほぐれ、血流が改善。その日の疲れやむくみを軽減して体の回復を助けるので、次の日にしっかり動けます。

では朝のラジオ体操はどうかというと、こちらは「**動的ス**

＼どっちも正解／

A4 夜のストレッチも朝のラジオ体操も どちらも痩せる！

トレッチ」が中心になります。動的ストレッチとは、筋肉や関節を動かしながら柔軟性を高め、心拍数を上げる軽い運動のこと。体をひねったり、足を蹴り上げたり、手足を動かすなどの動きを伴います。代謝を高めて体を活動モードにしてくれるので、朝にラジオ体操をすると血流が促進されて、その日のエネルギー消費が上がります。

静的ストレッチの夜のストレッチと、動的ストレッチの朝のラジオ体操。それぞれ異なる役割があり、どちらも痩せやすい体づくりに必要なもの。

例えばストレッチは「毎日寝る前にやるぞ！」というふうに決めておくと習慣化しやすくてオススメです。朝のラジオ体操も毎日できるといいですが、週3~5日続けるだけでもダイエット効果が期待できるので、目的やライフスタイルに合わせて取り入れてみてください！

ダイエットするなら気になる運動
メニュー。どっちがいいの?

10分とゆっくりこぎ20分
痩せるのはどっち?

ゆっくりでも倍の時間
かけたほうが痩せる?

ゆっくりこぎ20分

ジムで走ったり歩いたりするのは嫌だけど、ペダルこぎならできる人のための2択です。普通に考えると全速でこぐほうがきついのですが、こぐ時間が変わる場合はどうなんでしょうか？　短時間集中型 vs 長時間マイペース。果たして軍配が上がるのはどっち?

どっちが正解？

Q5 ペダル全速こぎ

全速でこぐとすごく
きついから効きそう！

全速こぎ10分

ここ's advice

家庭用のエアロバイクは安いものだと
1万円台から販売されているので
気になる人はチェックしてください！

のほうが

やすいんです！

答えは「**全速こぎ10分**」。消費カロリーはペダルを全速でこぐ10分のほうが、ゆっくり20分こぐよりも高くなります。理由は、力いっぱいこぐことで強度の高い運動になり、短い時間でも多くのエネルギーが消費されるからです。**強度の高い（無酸素運動に近い）運動は、心拍数が上がって筋肉が多くのエネルギーを消費します**。なので、短時間でも消費カロリーが高くなるのです。

さらに「アフターバーン効果」といって、強度の高い運動の後は体が元の状態に戻ろうとする過程で酸素消費が増えて、運動後もエネルギーが消費されやすい状態が続きます。また、全力でこぐことで下半身の大きな筋肉（大腿四頭筋やハムストリングス）をめいっぱい使うため、筋肉への刺激が強く、基礎代謝の向上にもつながります。

一方で、**ゆっくりこぎ20分は有酸素運動としての効果が高くなります**。これは体脂肪が燃えやすくなりますし、ゆっくりなぶん低負荷で続けやすいこともメリットです。運動初心者や体力に自信がない人にはこちらもオススメです。

こっちが正解

A5 全速こぎ10分

エネルギーを消費し

大切なのは、無理せず「続ける」ことです。また、全速こぎとゆっくりこぎを組み合わせる「インターバルトレーニング」も効果的。やり方はウォーミングアップ（ゆっくりこぎ3分）をしてから、①全速こぎ30秒→②ゆっくりこぎ1分。①→②を5～8セット繰り返します（合計約10～15分）。その後クールダウン（ゆっくりこぎ3分）。ぜひ試してくださいね。

最近は家庭用のエアロバイクもあるので、いつでも有酸素運動ができる環境を作るのもアリだと思います。ウォーキングマシンでもいいですが、かなり場所をとられるので、スペースをあまり必要としないエアロバイクがオススメです。

ここ's advice

最初から全速こぎ10分が難しい方は
ゆっくりこぎを＋20～30分やっても
十分脂肪燃焼効果がありますよ!

体を整えるのと運動、
どっちが大切なの?

とジム通い
痩せるのはどっち?

ジムで体を動かしたほうが確実に痩せられそう!
ジム

ボディラインを整えるために整体に行っているという方も多いですよね。私も整体に行って歪みをとってもらうだけでスッキリするように感じます。そして私はトレーナーという職業柄ジムでも運動します。さて、美しい体づくりにはどちらがより効果的なんでしょうか?

どっちが正解？

Q6 整体通い

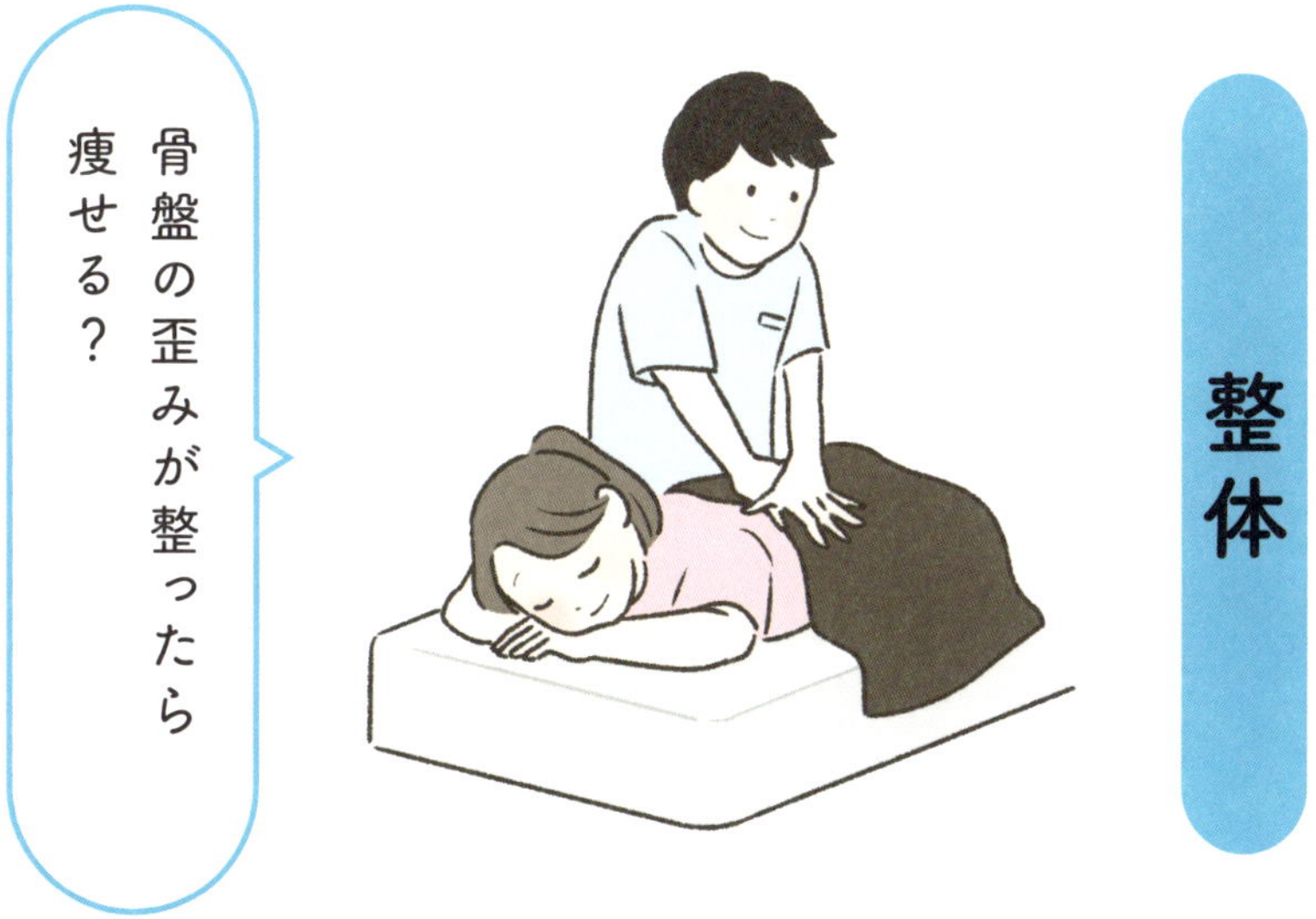

ここ's advice

整体とジムに両方行けるのが理想ですが、どちらもお金がかかります。ですので、どちらかを選ぶならこっち!　という選択をさせていただきました。

のほうが

できる！

答えは「**ジム通い**」です。まず、整体は体の歪みを整えて、姿勢や筋肉のバランスを改善する効果が望めます。体の動きがスムーズになるため、運動効率がアップして痩せやすい体の土台を作ることができます。すると、筋肉や関節が正しく使える状態になるので、運動する時に筋肉への負荷が均等にかかって、効果的にカロリー消費ができる体になるのです。ですが、「**整体自体が直接カロリーを消費するわけではない**」ということも事実。整体を受けただけでは大きなエネルギー消費はできません。むくみがとれて一時的にスッキリした感じがしても、数日経つと戻ってしまうでしょう。

一方ジムでは、**筋トレや有酸素運動でカロリーを消費できます**。また、**筋トレを続けると筋肉が増えることで基礎代謝が向上し、痩せやすい体が手に入る効果**も。その点で痩せやすいのはジム、と言えると思います。

ただ、体が歪んでいる場合、正しいフォームがとれず効果が出にくいこともあり、結果的に怪我をしやすくなってしまうので、「痩せる体づくりのサポート」として整体を組み合

こっちが正解

A6 ジム通い

カロリー消費は

わせるのが理想的です。

さらに、ジム通いをこれから始めようと思っている人は、最初の数回だけでもパーソナルトレーニングを受けて正しいフォームを教わるのがオススメです。自分のフォームを客観的に見てもらうことで、自分では気づかなかった体のクセや間違ったフォームを正してもらえて、トレーニングの質が上がるはず！

トレーナーとして生徒さんに指導する立場ではありますが、実際に私も他のトレーナーに定期的に自分のフォームを見てもらって客観的なアドバイスをいただくようにしています。みなさんもぜひ試してみてください！

ここ's advice

整体とジムはそれぞれ役割が違うので、
その違いを理解した上で
ご自身に合うほうを選択してくださいね！

第3章

+α 痩せるエクササイズはこっち！

「スクワットを頑張っているのに太ももが全然細くならない…」

「腹筋しても下腹はぽっこりしたまま…」

「二の腕痩せしたくてダンベルでトレーニングしているのに、ぷにぷにが消えない！」など、
筋トレをしてるのにうまく痩せないと悩んでいるそこのあなた！

実はそのトレーニングにエクササイズを＋αするだけでスルスル痩せるようになるんです。

この章では、太もも・お腹・二の腕の3大悩みパーツごとに、
イチ押しのエクササイズをご紹介。

自宅で簡単かつ効率的に美ボディが手に入ります！

お悩みパーツ別

痩せる+αエクササイズのポイント

ボディラインを整えたいなら…

体の表も裏もまんべんなく鍛えよう

以前の私は、食事制限をして体重が落ちても見た目の変化があまりなく、「あれ？痩せたのにおかしいな？　ダイエットに成功したら勝手にウエストがくびれて、お尻がキュッと上がると思ったのに」と不思議に思っていました。実は、理想的なメリハリボディは筋トレをして引き締めないとたどり着けないのです。

では、スクワットを毎日100回やったらいいのでしょうか？　それも違います。ただ闇雲にやっても前ももだけが張ってしまい、ほっそりとした足にはなりません。エクササイズは正しいフォームで体に負荷をかけず、まんべんなく筋肉に効かせることができないと、美しいラインにはならないのです。効率的に整えたいなら、前側だけでなく裏側もセットで鍛えましょう。

太ももがパンパン

太もも痩せにはスクワットだよね?

これが正解

＋タオルデッドリフト

でもも裏も鍛えると後ろ姿にメリハリが出て細見えする!

太ももを引き締めたかったら、スクワットに「**タオルデッドリフト**」をプラスするのがオススメです。スクワットは太ももの前側（大腿四頭筋）に効きやすいトレーニングですが、前側ばかり鍛えると、太ももが張ってしまいます。そこで取り入れたいのがタオルデッドリフトで、太ももの裏側やお尻、背中の筋肉まで広範囲が鍛えられます。**スクワットで前側、タオルデッドリフトで裏側を鍛える**ことで、筋肉の使い方のバランスがとれ、**下半身全体がスッキリと引き締まります**。

さらにタオルデッドリフトには、お尻や背中の大きな筋肉を鍛えることで、エネルギー消費が増えて痩せやすい体になれる効果が！　また、背中の筋肉をしっかり使うことで猫背や反り腰が改善されて姿勢が整い、体のラインが美しく見えるようになります。スクワットだけでは「太ももが痩せない」と感じている方こそ、タオルデッドリフトを追加することで効率良くボディラインを整えられます。前後の筋肉をバランス良く鍛えて理想の引き締まった体を目指しましょう！

正しい スクワット

スタート姿勢

足を肩幅に開き、背筋を伸ばして胸を張る

①肩幅の広さに足を開き、つま先はやや外側に向ける
②背筋をピンと伸ばして胸を張る
③手はまっすぐ前に伸ばしておく

POINT

- 目線は少し下げてあごが出ないようにする

膝を曲げて腰を落とす

①お尻を真後ろに引くイメージで、膝を曲げて腰を落とす
②腰を落とす（目安は太ももが床と平行になるくらい）
③10回1セットで3回繰り返す

POINT

- 膝を曲げる時は股関節を折り曲げるようにすると膝を痛めにくい
- 膝がつま先より前に出ないように注意する
- 正しいフォームでやると太ももの前側の筋肉、お尻の筋肉、太ももの内側・裏側にある筋肉、腹筋、背筋にも効く

+α
タオルデッドリフト

スタート姿勢

足の幅は開きすぎないようにする

足を腰幅に開いたら タオルを両足で踏む

①足は腰幅に開き、つま先はまっすぐ前に向ける
②フェイスタオル（またはバスタオル）くらいの大きさのタオルの中央部を両足で踏んで、タオルの両端を両手でしっかりと握ってピンと張った状態にする（目線は前方やや下に下げておく）
③股関節を折り曲げるイメージで、お尻を斜め上に突き上げながら膝を曲げ、上体を倒す（タオルの張りを感じながら、太ももの裏に伸びを感じるところまで下げる）

足裏で床を押すように 上体を起こそうとする

①かかとで床を押しながら、お尻を締めるようにして上体を起こそうとする（実際はタオルを踏んでいるので、一定のところまでしか体を起こせないが、背中やお尻まわり、もも裏の筋肉に力が入ったらOK）
②10回1セットで3回繰り返す

ここ's word

通常のデッドリフトはタオルを使いませんが、タオルを使うとどこに効いているかわかりやすくなります!

POINT

- タオルは終始引っ張り続けることで背中やお尻に力が入り、効果が高まる
- 背中を反らすのではなく、足裏で地面を押すようにすると効果的

お腹がぽよぽよ…

お腹痩せには腹筋トレしか思いつかない…

これが正解

＋レッグレイズ

でお腹の下側も鍛えられて

下腹スッキリ！

お腹を引き締めたいなら、「**レッグレイズ**」をプラスするのがポイント！

クランチ（＝腹筋トレ）など、多くの人は腹筋を鍛えようと頑張りますが、実はこれだけではお腹痩せは難しいんです。クランチはお腹の上部を集中的に鍛えるエクササイズ。上体を起こすことで腹筋がしっかり収縮して、上半身の引き締めに効果的です。でも、これではお腹の下側への刺激が足りません。

そこで、レッグレイズをプラス！　**下半身を持ち上げる動作をすることで、クランチではカバーしきれないお腹の下側に効かせる**ことができて、ぽっこりお腹の改善に効果的です。さらに、お腹まわりの筋肉全体を鍛えることで体幹が強化され、姿勢が良くなる効果も。正しい姿勢が維持できると、日常生活のちょっとした動作でも代謝が上がり痩せやすい体に近づきます。

お腹を引き締めたいなら、クランチで上部を、レッグレイズで下部を鍛える。この2つをセットで行って、くびれのあるスッキリお腹を手に入れましょう！

正しい クランチ(腹筋トレ)

スタート姿勢

仰向けで両足を持ち上げ膝を90度に曲げる

①仰向けになったら、両足を床から浮かせて膝は90度に曲げる
②両手を首の後ろで組み、頭を軽く持ち上げる(目線はお腹を見る)

お腹を丸めるようにしてゆっくり上体を起こす

①息をフーッと吐きながら上体をゆっくりと持ち上げ、息を吸いながらゆっくりと元の姿勢に戻る
②10回1セットで3回繰り返す

POINT

- 呼吸を意識することで腹筋にしっかり効く
- 反動を使わずに、腹筋の力だけでゆっくり動くことを意識すると効果的
- 元の姿勢に戻る時も、お腹の力を抜かないことで、お腹の上部の筋肉によく効く

ここ's advice

両足を浮かせる体勢が辛い人は椅子やソファに足をのせてもOK

+α レッグレイズ

仰向けの状態で足を曲げて天井に向かって伸ばしておく

①仰向けになり、足を曲げて天井に向かってまっすぐ伸ばす
②手はお尻の横あたりに置き、広めに開いておく。辛い人はお尻の下に手を入れてもいい

膝を伸ばしたままゆっくりと足を下げて上げるを繰り返す

①3秒かけて、ゆっくり地面ギリギリまで足を下ろす（足は床につく前に再び持ち上げることで下腹によく効く）
②再び天井に向かって足を上げる（この時、膝はできるだけ曲げない）。これを10回1セットで3回繰り返す

POINT

- 反動を使わずに足を上げ下げしたほうがよく効く
- もっと負荷をかけたい人は足を天井方向まで持ち上げず、45度くらいまで下げると良い

ここ's advice

辛い人は足が床についてもOKです!

二の腕がぷにぷに

二の腕痩せには
ダンベル運動での筋トレが良さそう…

これが正解

＋ニーリングプッシュアップ

で胸、肩、腕の前側も鍛えられて
上半身丸ごとほっそり！

二の腕のたるみが気になる方の多くにオススメの**フレンチプレスは、ダンベルやペットボトルを使って、二の腕の裏側（上腕三頭筋）を集中的に鍛える**トレーニング。たるんだ部分に直接アプローチできるため、ピンポイントで引き締め効果が期待できます。でも、二の腕の裏側だけ鍛えても効率的なたるみ解消にはなりません。

さらにもうひとつ、「**ニーリングプッシュアップ（膝つき腕立て伏せ）**」を加えることで、より一層効果が高まります。ニーリングプッシュアップは二の腕だけでなく胸や肩、腕の前側にも刺激を与えることができるエクササイズで、上半身全体の筋肉を使えるようになります。**筋肉のバランスが整うことで、二の腕のラインが引き締まり、ぷにぷに振り袖肉とはおさらば**！　複数の筋肉を同時に使うことで消費カロリーも増えて代謝アップにもつながります。この2つを組み合わせて、たるみのないスッキリとした二の腕に近づけましょう！

正しい フレンチプレス(ダンベル運動)

スタート姿勢

FRONT

SIDE

椅子に座り、ダンベルを頭の後ろで持つ

①椅子に座り背筋をまっすぐ伸ばす。頭の後ろでダンベルを持つ(この時、肘は耳の横にくるのが正解)

②肩は、すくまないように下ろしておく

POINT

- **ダンベルがなかったら水を入れた500㎖のペットボトルでOK**

FRONT

SIDE

肘の位置をできる限り固定してダンベルを上げ下げする

①ゆっくりとダンベルを天井方向に持ち上げ、元の位置まで下ろす

②上げ下げを1回として、10回1セットを3回繰り返す

POINT

- **肘が横に広がらないように、耳の横でキープするのがポイント**
- **動かすのは腕だけ。肘がブレると二の腕への刺激が弱まるので注意**

+α ニーリングプッシュアップ

膝をつき 腕立て伏せの体勢に

①膝をつき、手は肩幅より少し広めに置く
②手首は肩の真下に置いて、背筋はまっすぐに伸ばしておく

POINT
- 頭頂部は下げないようにまっすぐキープしておく

背中を丸めずに 上体を床に近づける

①肘を斜め後ろに曲げながら胸を床に近づける（この時、背中は丸めない）
②手で床を押して胸と二の腕の力で上体を元の位置まで戻す。10回1セットで3回繰り返す

POINT
- 横から見た時に、体を常に一直線に保つことが大切

ここ's advice

腕の前側（力こぶのところ）、胸、肩まわりが引き締まります！

おわりに

本書をここまでお読みいただきありがとうございました。

私はこれまで、ダイエットとリバウンドを繰り返して、人生の半分以上を体型のことで悩んできました。でも、たくさんの失敗のおかげでSNSを発信しようという気持ちになれたし、こうして本を出すこともできたのだと思っています。この本を通して、たくさん失敗したからこそ学ぶことができた「正しいダイエット法」が多くの方に伝わっていたら、こんなにうれしいことはありません。

冒頭でもお伝えしましたが、ダイエットは前向きな気持ちでスタートしてみてほしいです。「もっとキレイになるために」「もっとかっこよくなるために」鏡を見たときに自己肯定感が上がり、着たい服を自信を持って着こなせるように。誰かに認められるために痩せなくていいから、まずは自分で自分のことを一番に愛せるようになってほしいのです。

私はこの本が発売された翌日に、ボディコンテストに出場します。そのために増量したりボディラインを美しく作るために減量したりして体づくりに励んできました。すると、経営しているジムの生徒さんから「ここさんは目標があるからダイエットを頑張れていいですね。私なんてなんのイベントもないから、モチベーションが上がりません」と言われたのです。確かに明確な目標があると頑張れます。でも、大会はちょっとハードルが高いと感じる方も多いと思い、今後は初心者の方向けのボディコンテストを主催したいと考えています。これからダイエットを頑張りたいと思っている方のモチベーションにしてもらえるような、気軽に参加できる大会です。ぜひ今後のSNSをチェックしてもらえるとうれしいです。

そして、いつも体づくりのサポートをしてくださり、この本でもたびたびアドバイスを下さった持田教利コーチに、この場を借りて心から感謝申し上げます。

この本を読んでくださったみなさんのダイエットがうまく進んで、今よりもっと自分自身を愛せますように。より良い人生のエッセンスになれることを心からお祈りしております。

ここ

パーソナルトレーナー **ここ**

若手フィギュアスケーターのトレーナーを務める中で、間違ったダイエットで摂食障害になる選手が多いことに驚く。自身のダイエットの挫折経験を踏まえ、「食事をしながら栄養をしっかり摂って痩せられるダイエット情報」をSNSで発信したところ、同じように挫折した経験を持つ人々から大きな反響を得る。「今の自分をもっと美しく、輝かせるための健康的なダイエットを広める」をモットーに、現在はパーソナルジム経営、一般女性のダイエット指導を行なっている。

X:@coco_dietcoach

食事《しょくじ》も運動《うんどう》も、パッと見《み》だけでさくっとわかる!

忙《いそが》しくても絶対《ぜったい》痩《や》せる! 直感《ちょっかん》ダイエット

2025年2月14日　初版発行

著者　ここ

発行者　山下 直久

発行　株式会社KADOKAWA

〒102-8177

東京都千代田区富士見2-13-3

電話0570-002-301（ナビダイヤル）

印刷所　大日本印刷株式会社

製本所　大日本印刷株式会社

本書の無断複製（コピー、スキャン、デジタル化等）並びに無断複製物の譲渡および配信は、著作権法上での例外を除き禁じられています。また、本書を代行業者等の第三者に依頼して複製する行為は、たとえ個人や家庭内での利用であっても一切認められておりません。

●お問い合わせ

https://www.kadokawa.co.jp/（「お問い合わせ」へお進みください）

※内容によっては、お答えできない場合があります。

※サポートは日本国内のみとさせていただきます。

※Japanese text only

定価はカバーに表示してあります。

©coco 2025 Printed in Japan

ISBN 978-4-04-607400-3　C0077